BACKEN WAR NOCH NIE SO LEICHT

Es beginnt ja meistens mit dem Vorhaben, für einen besonderen Anlass zu backen. Vielleicht ist es aber auch einfach die spontane Lust, die Familie oder Gäste mit etwas Selbstgemachtem zu verwöhnen. Als Nächstes dann die Frage: Backe ich einen Blechkuchen mit frischem Obst oder vielleicht doch lieber einen Kastenkuchen mit Schokolade? Die Antwort halten Sie bereits in den Händen: Mehr als 100 tolle Rezepte haben wir für Sie zusammengetragen, moderne und klassische, süße und salzige: Alle Rezepte sind einfach erklärt, genial im Geschmack und gelingsicher. Unser liebevoll durchdachtes Back-Werk wird Sie sowohl inspirieren als auch ermutigen, gelegentlich etwas Anspruchsvolles auszuprobieren. Denn festliche Torten und gefüllte Strudel sind gar nicht so kompliziert, wie sie vielleicht scheinen. Übrigens haben wir alle Kuchen, Gugels, Torten, Tartelettes, Kekse und Brote selbst gebacken, probiert und aufgegessen. Unsere Ideen sind also durch alle wichtigen Genuss-Instanzen gegangen – restlos und ohne Krümel ...

Wir wünschen viel Spaß beim Backen!

TIPPS UND TRICKS
PER REZEPTVIDEO VON
UNSEREN GENUSS-EXPERTEN

DOPPELT GUT:
MIT JULIA UND KEV DIE FREUDE AM BACKEN NEU ENTDECKEN
edeka.de/rezepte

Backspaß mal zwei ...

Julia und Kev sind echte Profis, wenn es ums Kochen und Backen geht. Dass sie dabei jede Menge Spaß haben, kann jeder sehen, der ihre Genussmomente-Videos auf edeka.de/rezepte anklickt. Und wer Lust auf noch mehr Backtipps hat und sich von ihrer guten Laune anstecken lassen will, findet die Links zu den besten Rezepten der beiden in diesem Buch.

DIE ULTIMATIVE BACK-WG:
MIT IHRER HILFE ROCKST DU JEDES REZEPT
youtube.com/yumtamtam

Ziemlich quirlig ...

Felicitas, Felix und Melissa bilden das Team von yumtamtam, dem Koch-Kanal von EDEKA auf YouTube. In ihren Videos auf youtube.com/yumtamtam präsentieren sie einfach nachzumachende und hammerleckere Rezepte. Für dieses Buch haben sie ihre ultimativen Lieblingsvideos verraten. Die Links dazu stehen direkt bei den jeweiligen Rezepten.

REZEPT-ERKLÄRUNGEN

Aha!

Muss man das wissen? Nee, aber bei diesem Störer finden Sie Fakten, die Sie für die Unterhaltung an der Kaffeetafel bestens wappnen.

Wow!

Unsere Rezepte sind schon echt lecker. Mit diesem Button kennzeichnen wir Tipps, mit denen Sie sie zusätzlich veredeln oder ganz besonders machen können. Für noch mehr Genuss und Applaus!

KNOW-HOW Was muss man bei der Zubereitung von Hefe beachten? Wie schneidet man einen Tortenboden gleichmäßig in drei Teile? Mit unseren farbig markierten, ausführlichen Tipps und Tricks wird jede Zubereitung ganz leicht und das Ergebnis ein Träumchen.

Pro Stück: ca. 407 kcal, 5 g E, 17 g F, 56 g KH

Unter jedem Rezept haben wir für Sie die Nährwertangaben des Gebäcks angegeben; kcal steht dabei für den Kaloriengehalt, E für Eiweiß, F für Fett und KH für die Kohlenhydrate.

Inhalt

Willkommen in der Backstube

Es geht doch nichts über Selbstgebackenes!
Das Tolle: Sie brauchen dafür gar nicht viel.
Auf den folgenden Seiten finden Sie Wissenswertes
über Backzutaten wie Mehl, Fett, Eier & Co., einen
Überblick über praktische Küchenhelfer
und die vier wichtigsten Grundteige,
in einfachen Schritt-für-Schritt-
Anleitungen erklärt. Ran an die
Rührschüsseln, los geht's ...

Basics: MEHL& BUTTER

Mit diesen Grundzutaten sind
Sie bestens aufgestellt.

Weizenmehl Type 1050

Dinkelmehl Type 630

Weizenmehl Type 405

Vollkorn-Roggenmehl

GUTE TYPEN

Mehl ist gemahlenes Getreide. Zum Backen wird
hauptsächlich Weizen-, Dinkel- oder Roggenmehl
verwendet. Jede Sorte kann sehr fein oder auch
grob gemahlen sein. Wie stark der Ausmahlungs-
grad des Mehls ist und wie viele Randschichten
mitverarbeitet wurden, zeigt die Zahl der Mehltype.
Als Faustregel gilt: Je höher die Zahl, desto voll-
korniger und mineralstoffreicher ist das Mehl. Für
Kuchen, Torten und Kekse eignen sich feine Mehle
wie Weizenmehl 405 und 550 oder Dinkelmehl 630.
Quiche, Pizza und Brote vertragen Weizenmehl
1050, Roggenmehl 1150 oder Vollkornmehl, weil sie
kräftiger und würziger schmecken.

EINE FRAGE DES GESCHMACKS

Butter oder Margarine? Entscheiden Sie ganz nach Belieben: Butter lässt sich in jedem
Rezept einfach durch die gleiche Menge Margarine ersetzen. Ein Blick auf die Verpackung
verrät, ob die Margarine zum Backen geeignet ist. Bei Rührteigen können Sie Butter
und Margarine auch durch Pflanzenöl ersetzen. Dann 80 ml Öl anstatt 100 g Butter oder
Margarine nehmen. Verwenden Sie am besten geschmacksneutrale Öle wie Rapsöl oder
Sonnenblumenöl. Übrigens sorgt Fett in Kuchen und Keksen für eine weiche und saftige
Konsistenz sowie Volumen, daher unbedingt an die Angaben im Rezept halten.

Butter

Pflanzenöl

Margarine

Backpulver

Natron

Raffinierter Zucker

Brauner Zucker

Basics:
BACKMITTEL, ZUCKER & EIER

DIE LOCKERN AUF

Kuchen flach wie eine Flunder? Auf keinen Fall. Jetzt kommen Backpulver, Hirschhornsalz, Natron und Hefe ins Spiel, da sie die Teige locker
machen. Backpulver bringt vor allem bei Rührteigen und Biskuit gute
Backergebnisse. Es sorgt für Volumen und ist unempfindlich gegen hohe
Temperaturen. Hirschhornsalz und Natron verwendet man hauptsächlich
für Lebkuchen und Kekse, denn sie machen schwere und kompakte Teige
locker, lassen sie aber kaum in die Höhe gehen. Hefe, egal ob frisch oder
getrocknet, lockert Brot- und Pizzateige und natürlich auch Kuchen auf
und lässt sie fluffig aufgehen. Zwei Päckchen Trockenhefe entsprechen
dabei einem Würfel Hefe.

frische Hefe

Trockenhefe

GUT & GÜNSTIG
BACK
HEFE
EDEKA

Ahornsirup

Honig

ZUM SÜSSEN

Zucker macht Teige nicht nur süß, er
gibt ihnen Fülle und Struktur, bräunt
sie und hält das Gebäck länger frisch.
Weil wir zu viel davon essen, steht
Zucker stark in der Kritik. Eine generelle
Reduzierung ist sinnvoll. Deshalb haben
wir in unseren Rezepten nur so viel
Zucker wie notwendig verwendet. Ein
großer Vorteil bei Selbstgebackenem
ist, dass sich je nach Geschmack der
Zucker immer etwas reduzieren lässt.
Beliebte Alternativen zu raffiniertem
Zucker sind Honig, Agavendicksaft und
Ahornsirup. Man kann sie aber nicht 1:1
ersetzen, da sie weniger süßen und eine
andere Konsistenz haben. Daher sollten
Sie maximal ein Viertel des Zuckers
ersetzen, ansonsten leidet die Qualität
des Gebäcks.

ALLER GUTEN DINGE SIND EI

Was machen eigentlich die Eier im Teig? Das im
Eigelb enthaltene Lecithin bewirkt, dass sich alle
Zutaten vermischen und gebunden bleiben, während
das Eiweiß für die Lockerung sorgt. Aber viel hilft
nicht viel, deshalb nur so viele Eier verwenden,
wie im Rezept angegeben sind. Eier gibt es in den
Größen S, M, L und XL. Unsere und die meisten
anderen Rezepte gelingen mit Größe M am besten.

ZITRUSFRÜCHTE

Rund und leuchtend – von Grapefruit über Orange bis Zitrone: Zitrusfrüchte gibt es das ganze Jahr, sie sind herrlich saftig und reich an Vitamin C. Ihre Schale sorgt für ein frisches Aroma in Teigen und Cremes. Da Zitrusfrüchte für den Transport mit natürlichen oder künstlichen Wachsen behandelt werden, sollten sie jedoch immer mit heißem Wasser abgewaschen und mit Küchenpapier trocken gerieben werden.

Frisches Obst:
ÄPFEL, BEEREN & CO.

Diese feinen Früchtchen bringen Süße & Geschmack.

KERNOBST

Was haben Äpfel und Birnen gemeinsam? Diese Früchte haben genauso wie Quitten und Mispeln im Inneren ein weiches Kerngehäuse mit einzelnen Kernen. Das wird herausgeschnitten, aber wenn man mal einen Kern mitisst, ist das kein Problem. Kernobst gibt es frisch ab August bis in den Spätherbst. Richtig gekühlt ist es sehr lagerfähig und daher auch vor und nach der Saison gut erhältlich. Besonders Apfel, Birne und Co. begeistern in Tartes, auf Blechkuchen und als Füllung für Torten.

STEINOBST

Tiefrote Kirschen, saftige Pfirsiche und Aprikosen, Nektarinen, Pflaumen oder Zwetschgen bezeichnet man als Steinobst. Ihr weiches, süßes Fruchtfleisch umschließt einen holzigen Kern. Von Frühsommer bis Herbst erfreuen die saftigen Früchte Back- und Kuchenfans, aber auch Kompott oder Konfitüren lassen sich ganz wunderbar daraus zubereiten.

BEEREN

Diese kleinen Früchte sind die süßeste Versuchung überhaupt. Ob Erdbeeren, Himbeeren, Heidelbeeren, Stachelbeeren, Brombeeren oder Johannisbeeren – die Vielfalt ist riesig. Sie toppen Torten, geben Teigen Saftigkeit und sind unschlagbar als Fruchtfüllung. Die meisten Beeren haben von Juni bis August Saison. Je nach Pflückzeitpunkt und Reifegrad variiert ihr Geschmack von erfrischend säuerlich bis kräftig süß. Damit das intensive Aroma bewahrt wird und die Früchte nicht zerdrückt oder matschig werden, Beeren vorsichtig waschen und trocken tupfen. Und Beeren möglichst frisch verwenden, denn sie sind gekühlt nur 2–3 Tage haltbar. Außerhalb der Saison kann man für Kuchen und Torten auch sehr gut tiefgekühlte Früchte verwenden. Diese am besten auftauen und gut abtropfen lassen, da beim Auftauen viel Fruchtsaft entsteht.

EXOTEN

Ananas, Mango, Feige und Kiwi gehören mittlerweile zum gewohnten Obstangebot. Es gibt sie das ganze Jahr. Aber kennen Sie auch Granatapfel und Kaki? Die meisten Exoten stammen aus tropischen oder subtropischen Ländern und haben eine längere Reise hinter sich. Aber auch aus dem Mittelmeerraum kommen Exoten wie Feigen und Passionsfrucht. Sie sehen hübsch aus und sind aromatisch – daher eignen sie sich perfekt für Tortendekos und als Füllung.

Zum Verfeinern & Dekorieren: GEWÜRZE, NÜSSE & CO.

Alles, nur nicht langweilig. Denn außer den Grundzutaten gibt es noch eine ganze Reihe aromatischer Beigaben und Hilfsmittel, die zum Gelingen des Gebäcks beitragen und es besonders machen. Vorhang auf!

Mohn

Aprikosenkonfitüre

ROHMASSEN & KONFITÜREN

Marzipan, Mohnfix und Nougat gibt es als weiche Pasten, die für Füllungen oder für die Dekoration verwendet werden können. Mandeln, Mohn und Nüsse werden dafür gemahlen und mit Zucker und anderen Zutaten vermischt. Konfitüren, Marmeladen und Gelees bringen zusätzlichen Fruchtgeschmack – entweder als Füllung oder als Glasur. Zum Glasieren von Kuchen die Konfitüre durch ein Sieb streichen, denn ohne Fruchtstücke lässt sie sich besser verteilen.

Sahnesteif

Marzipan

Nougat

GELIER- & BINDEMITTEL

Von luftiger Konsistenz, mit einer tollen Optik und trotzdem standfest – so sollen Torten sein. Sahnesteif, Gelatine und pflanzliche Geliermittel wie Agar-Agar sind die Alleskönner für guten Halt. Während Gelatine tierischen Ursprungs und für alle Flüssigkeiten geeignet ist, wird Sahnesteif hauptsächlich zum Festigen von Sahne verwendet. Sahnesteif und Agar-Agar sind rein pflanzlich. Agar-Agar bindet ebenfalls Flüssigkeiten, wird aber nicht ganz so fest wie Gelatine.

Haselnüsse

Kokosraspel

Mandelblättchen

Haselnusskrokant

NÜSSE

Von den kleinen Pistazien bis hin zur großen Kokosnuss haben Nüsse vieles gemeinsam: zum Beispiel eine harte Schale und einen aromatischen Kern. Sie enthalten extrem wenig Wasser und sind sehr fettreich. Das gilt auch für Mandeln, Kerne und Samen. Ihr hoher Fettgehalt macht sie ideal zum Backen, denn mal abgesehen vom guten Geschmack werden die Teige durch sie saftiger. Außerdem eignen sie sich wunderbar zur Dekoration. Das Angebot reicht von ganzen, gehackten bis zu gemahlenen Nüssen. Wenn man sie vor der Verwendung röstet, wird ihr Aroma noch feiner und intensiver.

Pistazien

Raspelschokolade

GEWÜRZE

Mit Vanille, Zimt, Kardamom oder Fruchtschalen verleihen Sie Cremes und Teigen ein i-Tüpfelchen. Sie werden nur in kleineren Mengen zugegeben und entfalten dann ihr volles Aroma. Mit Gewürzen sollte man es jedoch nicht übertreiben, sonst werden die Cremes zu intensiv – Kuchenteige können sogar etwas stumpf und kratzig schmecken. Gemahlene Gewürze wie Zimt, Muskat oder Ingwer lassen sich beim Backen einfach dosieren. Sie verlieren mit der Zeit aber an Aroma. Geöffnete Verpackungen am besten innerhalb eines Jahres verwenden.

Vanille

SCHOKOLADE

Bei Schokokuchen bekommen Groß und Klein leuchtende Augen. Zartbitter-, Vollmilch- oder weiße Schokolade im Teig oder als Guss sorgen für zarten Schmelz und Geschmack. Je dunkler die Schokolade, desto höher ist der Kakaoanteil (erkennbar an der Prozentzahl) und umso herber schmeckt sie. Je heller die Schokolade, desto mehr süßt sie auch. Kleinere Schokostücke, Drops und Raspel nur kurz unter den fertigen Teig oder die Creme rühren, damit sie in Form bleiben. Da Couverture mehr Kakaobutter als Schokolade enthält, wird sie beim Schmelzen dünnflüssiger, also perfekt für Glasuren. Damit Couverture einen schönen Glanz bekommt, unbedingt darauf achten, dass sie nicht zu heiß wird oder Wasser hineintropft.

geschmolzene Couverture

Schokodrops

Backpapier

Zitronenpresse

Rührschüssel

Praktische Helfer:
BACKFORMEN, SCHÜSSELN & CO.

Wer Familie und Freunde gern mit Selbstgebackenem überrascht, sollte sich eine Auswahl an nützlichen Utensilien
zulegen. Denn mit den richtigen Hilfsmitteln geht Backen ganz
leicht und macht noch viel mehr Spaß!

Universalmesser

Brotmesser

Küchenhandtuch

Teigrolle

Kuchengitter

Backform

Backpinsel

Sieb

Papierförmchen

Handmixer mit Quirlen

Knethaken

Ausstecher

Schneebesen

Messlöffel

Backförmchen

Handreibe

Streichpalette

Tortenheber

Messbecher

Kochlöffel

Mehlsieb

Teigschaber

13

Auf einen Blick:
DIE 4 GRUNDTEIGE

Saftiger Rührteig, zart-knuspriger Mürbeteig, fluffiger Biskuitteig oder lockerer Hefeteig:
Mit diesen Grundteigen sind Sie für jede Gelegenheit bestens gewappnet.

RÜHRTEIG
. . . .

Für 1 Kuchenform, ca. 1,5 l Inhalt

250 g	**weiche Butter + etwas für die Form**
200 g	**Zucker**
1 Prise	**Salz**
4	**Eier (Größe M)**
500 g	**Weizenmehl Type 405**
	+ etwas für die Form
1 Pckg.	**Backpulver**
125 ml	**Milch**

1 Butter, Zucker und Salz in eine Schüssel geben und mit den Quirlen des Handmixers cremig rühren, bis der Zucker gelöst ist. Eier einzeln zum Rührteig geben und jeweils ca. eine halbe Minute unterrühren, damit sich alle Zutaten gut verbinden. Backofen auf 180 Grad (Umluft 160) vorheizen.

2 Mehl und Backpulver mischen und abwechselnd mit der Milch zum Rührteig geben. Nur kurz unterrühren, Rührteig hat die optimale Konsistenz, wenn er sich schwer reißend von den Quirlen löst. Teig in die gefettete, gemehlte Form füllen und ca. 50 Minuten auf der zweiten Schiene von unten backen.

3 Stäbchenprobe machen: Bleibt noch Teig am Holzstäbchen hängen, Backzeit um 5 Minuten verlängern und die Probe wiederholen. Kuchen aus dem Ofen nehmen, auskühlen lassen und aus der Form stürzen.

Eignet sich für Gugelhupfe, Kastenkuchen und Streuselkuchen.

Zubereitung: ca. 1 Stunde

MÜRBETEIG
. . . .

Für 1 Tarteform Ø 26–28 cm

250 g	**Weizenmehl Type 405**
	+ etwas zum Ausrollen
65 g	**Zucker**
1 Prise	**Salz**
1	**Ei (Größe M)**
125 g	**Butter**

1 Mehl in eine Schüssel sieben. Zucker, Salz und Ei hinzugeben. Die Butter in kleine Würfel schneiden und auf den übrigen Zutaten verteilen.

2 Die Zutaten mit den Knethaken des Handmixers rasch zu einem glatten Teig verkneten. Teig auf einer leicht bemehlten Arbeitsfläche mit den Händen zu einer Kugel formen. Etwas flach drücken und in Frischhaltefolie gewickelt 1 Stunde in den Kühlschrank legen.

3 Backofen auf 200 Grad (Umluft 180) vorheizen. Teig auf einer leicht bemehlten Arbeitsfläche oder zwischen zwei Lagen Backpapier dünn ausrollen. Locker um die Teigrolle wickeln und über der Tarteform abrollen. Teig vorsichtig in die Form drücken und mehrfach mit einer Gabel einstechen.

4 Den Teig mit Backpapier und getrockneten Hülsenfrüchten bedecken. Im vorgeheizten Ofen ca. 15 Minuten auf der mittleren Schiene vorbacken. Kurz abkühlen lassen und dann je nach Rezept weiterverarbeiten.

VARIANTE
Für einen herzhaften Mürbeteig auf den Zucker verzichten und statt 1 Prise 1 TL Salz verwenden.

Eignet sich für Tartes, Quiches, Plätzchen und Co.

Zubereitung: ca. 25 Minuten + 1 Stunde Kühlzeit

UNSER TIPP:
Wiegen Sie vor der Zubereitung alle Zutaten ab und stellen Sie sie mit den notwendigen Utensilien bereit. So haben Sie alles gleich zur Hand und vergessen nichts.

BISKUITTEIG

Für 1 Springform Ø 26–28 cm

6	**Eier (Größe M)**
150 g	**Zucker**
150 g	**Weizenmehl Type 405**
60 g	**Speisestärke**
3 Msp.	**Backpulver**

1 Boden der Springform mit Backpapier auslegen. Backofen auf 180 Grad (Umluft 160) vorheizen. Eier trennen. Die Eiweiße in eine Schüssel geben und mit den Quirlen des Handmixers oder der Küchenmaschine steif schlagen. Zucker gleichmäßig einrieseln lassen und so lange weiterschlagen, bis eine glänzende Masse entsteht. Die Eigelbe mit einer Gabel verrühren und unter die Eiweißmasse heben.

2 Mehl mit Stärke und Backpulver mischen. Auf die Eimasse sieben und auf niedriger Stufe kurz unterrühren, sodass ein glatter Teig entsteht.

3 Den Teig in die Form geben, glatt streichen und im vorgeheizten Ofen ca. 30 Minuten auf der mittleren Schiene backen. Backofentür währenddessen nicht öffnen, damit der Teig nicht zusammenfällt.

Eignet sich für Torten und Kleingebäck.

Zubereitung: ca. 40 Minuten

HEFETEIG

Für 1 Blech

500 g	**Weizenmehl Type 405** + etwas zum Ausrollen
100 g	**Zucker**
1 Würfel	**frische Hefe (42 g)**
200 ml	**lauwarme Milch**
1	**Ei (Größe M)**
1 Prise	**Salz**
100 g	**Butter**

1 Mehl und Zucker in eine große Schüssel geben, vermischen und in die Mitte eine Mulde drücken. Hefe mit 5–6 EL Milch verrühren und in die Mulde geben. Mit etwas Mehl vom Rand vermischen und mit einem Küchentuch zugedeckt ca. 20 Minuten an einem warmen Ort ruhen lassen, bis die Hefe beginnt, Blasen zu bilden.

2 Die restlichen Zutaten zum Mehl geben und alles mit den Knethaken des Handmixers oder der Küchenmaschine so lange zu einem glatten Teig verkneten, bis er sich von der Schüsselwand löst.

3 Teig auf einer leicht bemehlten Arbeitsfläche zu einer Kugel kneten, wieder in die Schüssel geben und zugedeckt, vor Zugluft geschützt, weitere 40–50 Minuten gehen lassen, bis sich die Teigmenge verdoppelt hat.

4 Teig erneut auf einer bemehlten Arbeitsfläche durchkneten und entsprechend dem jeweiligen Rezept weiterverarbeiten.

Eignet sich für Gugelhupfe, Obst- und Blechkuchen.

Zubereitung: ca. 15 Minuten + ca. 1 Stunde 30 Minuten Ruhezeit

Einfach rührend

RÜHRTEIG

Der unkomplizierte Klassiker entfaltet mit Zutaten
wie Marzipan, Mohn oder Minze sein ganzes Können
und zeigt Formenvielfalt als Torte, Brot oder Küchlein
im Glas. Ein Hoch auf die einfachen Dinge!

PFIRSICH-KUCHEN *mit Buchweizen*

Ein schöner reifer Pfirsich muss beschnuppert werden, oder? Denn sein Duft bedeutet Sommer und Wonne. Hier kommt dieses unbekümmerte Rezept ins Spiel, bei dem die Früchte frech aus dem Teig gucken.

• •

Für 1 Kuchen (ca. 24 Stücke)

250 g	**Butter + etwas für das Blech**
ca. 1 kg	**Pfirsiche**
200 g	**Zucker**
1 Prise	**Salz**
1 Pckg.	**Vanillezucker**
5	**Eier (Größe M)**
250 g	**Buchweizenmehl**
150 g	**Weizenmehl Type 405**
1 Pckg.	**Backpulver**
250 g	**Joghurt**
50 g	**Mandelblättchen**
3–4 EL	**Pfirsichkonfitüre**
etwas	**Puderzucker**

Zubereitung: ca. 50 Minuten
Utensilien: tiefes Backblech
Pro Stück: ca. 232 kcal, 3 g E, 12 g F, 20 g KH

1 Den Backofen auf 180 Grad (Umluft 160) vorheizen. Das Backblech fetten oder mit Backpapier belegen. Pfirsiche waschen, halbieren, entsteinen und vierteln.

2 Für den Teig Butter mit Zucker, Salz und Vanillezucker mit den Quirlen des Handmixers cremig rühren. Eier nacheinander unterrühren. Mehle und Backpulver vermischen und abwechselnd mit dem Joghurt unter die Eimasse rühren.

3 Den Teig auf das Backblech geben und glatt streichen. Die Pfirsiche gleichmäßig darauf verteilen und leicht eindrücken. Den Teig mit Mandelblättchen bestreuen. Den Kuchen auf der mittleren Schiene 30 Minuten backen.

4 Pfirsichkonfitüre in einem kleinen Topf erhitzen und durch ein Sieb streichen. Den Kuchen aus dem Ofen nehmen und die Pfirsiche sofort mit der Konfitüre bestreichen. Nun den Kuchen auf einem Kuchengitter 1 Stunde abkühlen lassen und zum Schluss mit Puderzucker bestäuben.

YUM TAM TAM — AUCH PFLAUMEN PASSEN GUT AUF DEN RÜHRTEIG. DAS REZEPTVIDEO DAZU GIBT ES HIER: **PFLAUMENKUCHEN** yumtamtam.de/pflaumenkuchen/

MOHN-STREUSEL-KUCHEN *mit Orange*

Unten heller Teig, in der Mitte eine Mohnmasse, darauf dann die Streusel – drei verlockende Schichten warten auf Naschkatzen, die vermutlich nichts gegen eine Portion Schlagsahne einzuwenden haben.

• •

Für 1 Kuchen (ca. 12 Stücke)

Für den Teig:

125 g	**Butter**
125 g	**Zucker**
1 Prise	**Salz**
4	**Eier (Größe M)**
200 g	**Dinkelmehl Type 630**
2 TL	**Backpulver**
6-7 EL	**Schlagsahne**
100 g	**gemahlener Mohn**
1 EL	**fein abgeriebene Bio-Orangenschale**
etwas	**Puderzucker**

Für die Streusel:

75 g	**Butter**
50 g	**brauner Zucker**
3 EL	**kernige Haferflocken**
100 g	**Dinkelmehl Type 630**
2 TL	**Orangenlikör (nach Belieben)**

Zubereitung: ca. 1 Stunde 15 Minuten
+ 1 Stunde Kühlzeit
Utensilien: Springform Ø 26 cm
Pro Stück: ca. 370 kcal, 8 g E, 22 g F, 34 g KH

1 Backofen auf 180 Grad (Umluft 160) vorheizen. Den Boden der Springform mit Backpapier auslegen.

2 Für den Teig Butter, Zucker und Salz mit den Quirlen des Handmixers cremig schlagen. Eier nacheinander unterrühren. Das Mehl mit Backpulver mischen und unterrühren, dann 5 EL Schlagsahne dazugeben und unterrühren. Dann die Hälfte des Teigs in die Form füllen und glatt streichen.

3 Unter den übrigen Teig den Mohn, die restliche Schlagsahne und die Orangenschale rühren. Nun vorsichtig den dunklen auf den hellen Teig geben und verstreichen. Alle Zutaten für die Streusel in eine Schüssel geben. Rasch mit den Knethaken des Handmixers zu Streuseln verarbeiten.

4 Streusel über die Mohnschicht streuen und den Kuchen auf der zweiten Schiene von unten 45 Minuten backen. Danach herausnehmen und auf einem Kuchengitter 1 Stunde abkühlen lassen. Mit Puderzucker bestäuben und servieren.

Aha!

Zum Backen können sowohl Mohnsamen als auch Mohnfix verwendet werden. Mohnsamen schmecken besonders aromatisch, wenn sie kurz in einer beschichteten Pfanne geröstet werden. Sie lassen sich hervorragend in Teige einkneten und als Toppings verwenden. Mohnfix ist eine backfertige Masse, die sich besonders gut als Füllung für Gebäck eignet.

Heidelbeer–
KOKOS-KUCHEN

Wunderbar locker geht es zu in diesem Sommertraum – dafür sorgt die Buttermilch. Mit ihrer leicht säuerlichen Note verleiht sie dem Kuchen zudem eine herrliche Frische.

* *

Für 1 Kuchen (ca. 20 Stücke)

350 g	**Heidelbeeren**
250 g	**Zucker**
3	**Eier (Größe M)**
500 g	**Buttermilch**
500 g	**Weizenmehl Type 405**
1 Pckg.	**Backpulver**
1 Prise	**Salz**
75 g	**Kokosflocken**
2 Pckg.	**Vanillezucker**
200 g	**Schlagsahne**

Zubereitung: ca. 45 Minuten

Utensilien: tiefes Backblech

Pro Stück: ca. 221 kcal, 5 g E, 7 g F, 35 g KH

1 Backofen auf 180 Grad (Umluft 160) vorheizen. Ein tiefes Backblech mit Backpapier auslegen. Heidelbeeren verlesen, waschen und trocken tupfen. Zucker, Eier, Buttermilch, Mehl, Backpulver und Salz zu einem glatten Teig verrühren.

2 Den Teig gleichmäßig auf dem Backblech verstreichen. Heidelbeeren darauf verteilen. Kokosflocken und Vanillezucker mischen, über den Kuchen streuen und 20-25 Minuten in der Mitte des Ofens backen.

3 Aus dem Ofen nehmen und sofort die Schlagsahne darauf verteilen. Den Kuchen auskühlen lassen und in Stücke schneiden.

VARIANTE

Apfel-Kokos-Kuchen

Statt mit Heidelbeeren schmeckt der Kuchen auch sehr lecker mit Äpfeln. Dafür 600 g Äpfel (z. B. Elstar, Boskoop oder Cox Orange) waschen, nach Belieben schälen, vierteln und entkernen. Die Viertel jeweils quer in dünne Scheiben schneiden und auf dem Teig verteilen. Dann weiter nach dem Rezept arbeiten.

Möhren—
HASELNUSS-
TORTE mit geriebenem Ingwer

Das Topping aus Frischkäse, grob gehackten Haselnüssen und selbst gerollten Marzipankugeln lässt nach dem ersten Probestück nur eine Frage zu: „Dürfte ich noch ein zweites Stück?"

• •

Für 1 Torte (ca. 12 Stücke)

Für den Teig:

50 g	**Butter + etwas für die Form**
100 g	**Vollmilchschokolade**
200 g	**gemahlene Haselnusskerne**
50 g	**Weizenmehl Type 405**
2 TL	**Backpulver**
20 g	**frischer Ingwer**
280 g	**Möhren**
3 EL	**Zitronensaft**
4	**Eier (Größe M)**
1 Prise	**Salz**
80 g	**Zucker**
2 EL	**Kirschwasser (ersatzweise Kirschsaft)**

Für das Frosting:

20 g	**Puderzucker**
180 g	**Doppelrahmfrischkäse**
40 g	**Marzipanrohmasse orangefarbene Speisefarbe (nach Belieben)**
20 g	**ganze Haselnüsse**

Zubereitung: ca. 1 Stunde 30 Minuten
Utensilien: Springform Ø 26 cm
Pro Stück: ca. 345 kcal, 7 g E, 22 g F, 17 g KH

1 Backofen auf 180 Grad (Umluft 160) vorheizen. Springform fetten. Butter zerlassen und abkühlen lassen. Schokolade fein hacken. Mit gemahlenen Nüssen, Mehl und Backpulver mischen. Ingwer schälen und fein reiben. Möhren schälen und fein reiben. Mit Zitronensaft und Ingwer mischen.

2 Die Eier trennen. Die Eiweiße mit einer Prise Salz mit den Quirlen des Handmixers steif schlagen. Dabei 40 g Zucker einrieseln lassen. Die Eigelbe mit restlichem Zucker und evtl. Kirschwasser schaumig schlagen. Möhren unterheben. Abwechselnd Eischnee und Mandelmischung unterheben. Teig in die Backform füllen. Auf der zweiten Schiene von unten 55–60 Minuten backen.

3 Den Kuchen 10 Minuten in der Form abkühlen lassen. Aus der Form lösen und auf einem Kuchengitter auskühlen lassen. Puderzucker mit Frischkäse verrühren und auf dem gebackenen Kuchen verteilen. Marzipan nach Belieben mit Speisefarbe einfärben und zu unterschiedlich großen Kugeln formen. Nüsse grob hacken, mit den Marzipankugeln auf der Frischkäsecreme verteilen und Torte servieren.

WER SÜß GENUG IST, BACKT MÖHRENKUCHEN OHNE ZUCKER UND SCHAUT SICH FÜR DAS REZEPT DIESES VIDEO AN:

KAROTTENKUCHEN OHNE ZUCKER ▶

edeka.de/karottenkuchen

Wow!

Diese Küchlein schmecken auch zur Happy Hour. Einfach 1–2 EL Gin in den Sirup rühren und Küchlein damit tränken. Cheers!

ZITRONEN-
KÜCHLEIN *im Glas*

**Zum Dessert oder zum Cocktail gereicht, machen die dekorativen Weckgläser eine gute Figur.
Joghurt, Zitrone und Minze schenken der kleinen Versuchung eine schöne Frische.**

· ·

Für 8 Küchlein

180 g	**Butter + etwas für die Gläser**
8 Stiele	**Minze**
1	**Bio-Zitrone**
210 g	**Zucker**
3	**Eier (Größe M)**
200 g	**Weizenmehl Type 405**
1 geh. TL	**Backpulver**
1 Prise	**Salz**
100 g	**Joghurt**

Zubereitung: ca. 1 Stunde

Utensilien: 8 Weckgläser (à 160 ml)

Pro Stück: ca. 410 kcal, 6 g E, 23 g F, 46 g KH

1 Den Backofen auf 180 Grad (Umluft 160) vorheizen. Weckgläser buttern. Minze waschen und trocken tupfen. Von 6 Stielen die Blättchen abzupfen und hacken. Die Zitrone waschen und trocken tupfen. Dann die Schale fein abreiben, die Zitrone halbieren und auspressen.

2 Für den Teig die Butter und 150 g Zucker hellcremig rühren. Die Eier nacheinander jeweils 30 Sekunden lang unterrühren. Mehl, Backpulver und Salz mischen, dann zusammen mit der gehackten Minze, der Zitronenschale und dem Joghurt kurz unterrühren. Den Teig in die Weckgläser füllen und dabei darauf achten, dass nicht zu große Luftlöcher entstehen. Für ca. 25 Minuten auf mittlerer Schiene backen.

3 Den Zitronensaft mit Wasser auf 75 ml auffüllen. Die Flüssigkeit mit 50 g Zucker in einen kleinen Topf geben. Alles aufkochen, kurz verrühren und bei mittlerer Hitze ca. 10 Minuten sirupartig einkochen lassen.

4 Die Küchlein aus dem Ofen nehmen und ca. 10 Minuten auskühlen lassen. Mehrmals mit einem Holzspieß einstechen und mit dem Sirup beträufeln. Küchlein vollständig abkühlen lassen. Kurz vor dem Servieren restliche Minzblättchen von den Stielen zupfen und hacken. Mit 1 EL Zucker in einem Mörser zerstoßen. Küchlein damit bestreuen und servieren.

BROMBEER-GUGELHUPF *mit Rosmarin*

Die aromatische und ebenso ansehnliche Brombeere überzeugt sowohl im Kuchen als auch auf dem Guss in Pink und stiehlt damit dem Rest der Kaffeetafel die Show.

• •

Für 1 Kuchen (ca. 12 Stücke)

150 g	**weiche Butter + etwas für die Form**
3 Zweige	**Rosmarin**
200 g	**Brombeeren**
125 g	**Zucker**
3	**Eier (Größe M)**
175 g	**Weizenmehl Type 405** **+ etwas für die Form**
1 geh. TL	**Backpulver**
2 TL	**abgeriebene Bio-Zitronenschale**

Außerdem zum Verzieren:

80 g	**Puderzucker** **rote Speisefarbe**
2 Zweige	**Rosmarin**
einige	**Brombeeren**
etwas	**Zucker**

―――――――――――

Zubereitung: ca. 1 Stunde

Utensilien: Gugelhupfform (oder Heritageform; siehe Bild) Ø 22 cm, ca. 1,2 l Inhalt

Pro Stück: ca. 240 kcal, 3 g E, 12 g F, 29 g KH

1 Den Backofen auf 180 Grad (Umluft 160) vorheizen. Form fetten und mehlen. Rosmarin waschen, trocken schütteln, Nadeln von den Zweigen streifen und fein hacken. Brombeeren vorsichtig waschen und trocken tupfen. Butter und Zucker cremig schlagen. Die Eier nacheinander jeweils 30 Sekunden lang unterrühren. Mehl, Backpulver, Rosmarin und Zitronenschale mischen und unterrühren. Brombeeren vorsichtig unterheben.

2 Den Teig in die Form geben, glatt streichen und auf der unteren Schiene ca. 40 Minuten backen. Kuchen in der Form etwas abkühlen lassen, stürzen und auskühlen lassen.

3 Den Puderzucker mit 1–2 EL kaltem Wasser glatt rühren. Mit Speisefarbe pink färben. Als Guss über den Kuchen träufeln. Zum Verzieren Rosmarinzweige und Brombeeren waschen und noch feucht in Zucker wälzen. Beides auf den noch feuchten Guss setzen und trocknen lassen.

DAMIT DER GUGEL HÜPFT, Form gut einfetten. Weiche Butter mit einem Pinsel in alle Rillen und in jede noch so kleine Ecke streichen. Dann mit Mehl oder Semmelbröseln ausstreuen und die Form dabei drehen, damit sich alles gut verteilt. Überschüssigen Rest ausklopfen. Nach dem Backen den Kuchen nie sofort stürzen, sondern ca. 15 Minuten in der Form abkühlen lassen. Danach vorsichtig auf der Arbeitsfläche aufklopfen und stürzen. Löst sich der Gugelhupf nicht, ein feuchtes Tuch auf die Form legen, 10 Minuten warten und noch mal leicht auf der Arbeitsfläche aufklopfen.

Espresso-
MARMOR-
KUCHEN

Drei Freunde sollt ihr sein! Zum
Hell-dunkel-Duett gesellt sich
Espresso mit einer schönen Note.

Für 1 Kuchen (ca. 16 Stücke)

250 g	**weiche Butter + etwas für die Form**
250 g	**Weizenmehl Type 405**
	+ etwas für die Form
200 g	**Zucker**
1 Prise	**Salz**
4	**Eier (Größe M)**
100 g	**Speisestärke**
2 TL	**Backpulver**
100 ml	**Milch**
20 ml	**starker, frisch aufgebrühter Espresso**
	(abgekühlt)
2 EL	**Backkakao**
2 EL	**Schokotröpfchen „Zartbitter"**

Zubereitung: ca. 1 Stunde

Utensilien: Kastenform 25 cm

Pro Portion: ca. 278 kcal, 4 g E, 15 g F, 30 g KH

1 Den Backofen auf 180 Grad (Umluft 160) vorheizen. Kastenform buttern und mehlen. Butter, Zucker und Salz mit den Quirlen des Handmixers hellcremig aufschlagen. Eier nach und nach unterrühren. Mehl, Stärke und Backpulver mischen. Mit 80 ml Milch zur Eimasse geben und zügig zu einem glatten Teig verrühren.

2 Teig in möglichst drei gleich große Portionen teilen. Unter ein Drittel Teig Espresso und unter ein weiteres Drittel Kakao, Schokotröpfchen und 2 EL Milch rühren. Das letzte Drittel bleibt so, wie es ist. Dann zuerst den Espressoteig in die Form geben und glatt streichen. Darauf den Schokoteig streichen und mit dem hellen Teig abschließen. Alle drei Teige mit einer Gabel spiralförmig ineinanderziehen und glatt streichen.

3 Den Kuchen auf der mittleren Schiene ca. 50 Minuten backen. Auf einem Kuchengitter etwas abkühlen lassen, dann aus der Form lösen und vollständig erkalten lassen.

Matcha–
ZUCCHINI-
KUCHEN

Die auch als Sommerkürbis bekannte Zucchini verleiht diesem Kuchen seine Saftigkeit.

· · · · · · · · · · · · · ·

Für 1 Kuchen (ca. 12 Stücke)

350 g	**Zucchini**
1	**Limette**
150 ml	**Sonnenblumenöl**
	+ etwas für die Form
180 g	**Zucker**
1 Prise	**Salz**
3	**Eier (Größe M)**
100 g	**gemahlene Mandeln**
300 g	**Weizenmehl Type 405**
2 TL	**Backpulver**
1 EL	**Matchapulver**
1-2 EL	**Puderzucker**

Zubereitung: ca. 55 Minuten

Utensilien: eckige Springform ca. 23 x 23 cm

Pro Stück: ca. 345 kcal, 6 g E, 19 g F, 36 g KH

1 Den Backofen auf 175 Grad (Umluft 155) vorheizen. Zucchini putzen und fein reiben. Limette auspressen. Den Boden der Springform mit Backpapier auslegen und die Seiten mit etwas Öl fetten.

2 Öl, Zucker, Salz und Eier aufschlagen. Zucchini hinzufügen und unterrühren. Mandeln, Mehl, Back- und Matchapulver mischen und mit dem Limettensaft kurz unterrühren.

3 Teig in die Springform streichen. Kuchen auf mittlerer Schiene ca. 40 Minuten backen, dann herausnehmen und auf einem Kuchengitter auskühlen lassen. Den Kuchen nun aus der Form lösen und mit Puderzucker bestäuben.

AUCH ANDERES GEMÜSE MAG ES SÜSS. HIER DAS REZEPTVIDEO MIT LEUCHTEND ORANGEFARBENEM KÜRBIS:

SAFTIGER KÜRBISKUCHEN

edeka.de/kuerbiskuchen ▶

Schoko-
BANANENBROT

Im Kosmos von Superfoods präsentiert sich hier der volle Nährwert von Nüssen und Bananen.
Die Zartbitterschokolade-Bröckchen spendieren gute Laune.

* *

Für 1 Kastenkuchen (ca. 8 Stücke)

200 g	**Zartbitterschokolade** **(85 % Kakaoanteil)**
60 g	**Pekannüsse**
60 g	**Erdnüsse, geröstet und gesalzen**
200 g	**Dinkelmehl Type 1050**
100 g	**gemahlene Mandeln**
½ TL	**Natron**
½ TL	**Backpulver**
1 Prise	**Salz**
4	**reife Bananen**
2	**Eier (Größe M)**
100 g	**Joghurt**
75 ml	**Rapsöl**
140 g	**Rohrzucker**

Zubereitung: ca. 1 Stunde 20 Minuten
Utensilien: Kastenform 25 cm
Pro Stück: ca. 637 kcal, 14 g E, 32 g F, 71 g KH

1 Die Schokolade grob hacken. Nüsse grob hacken. 2 EL davon zur Seite legen. Mehl mit Mandeln, Natron, Backpulver und 1 Prise Salz mischen.

2 Backofen auf 180 Grad (Umluft 160) vorheizen. Bananen schälen und mit einer Gabel fein zerdrücken. Bananen mit Eiern, Joghurt, Öl und Zucker verquirlen. Bananenmasse mit der Mehlmischung kurz verrühren.

3 Die Kastenform mit Backpapier auslegen. Den Teig einfüllen und glatt streichen. Die zur Seite gelegten Nüsse darauf verteilen.

4 Im Backofen auf der zweiten Schiene von unten ca. 60 Minuten backen. Wird der Teig an der Oberfläche zu dunkel, ggf. mit etwas Backpapier abdecken. 10 Minuten in der Form abkühlen lassen. Aus der Form nehmen und auf einem Kuchengitter weiter abkühlen lassen. Warm oder ausgekühlt servieren.

YUM TAM TAM

NOCH FRUCHTIGER WIRD'S MIT ZWEIERLEI OBST:
BANANA-BREAD MIT PFIRSICHEN
yumtamtam.de/bananabread/

Ananas-
MAKRONEN-KUCHEN

Die Tropenfrüchte Kokosnuss und Ananas verströmen hier ihr exotisches Flair. Als Dessert-Gebäck gereicht, würde dazu auch ein Gläschen Rum passen.

• •

Für 1 Kuchen (ca. 12 Stücke)

Für den Teig:

1	**kleine Ananas**
	(ca. 300 g Fruchtfleisch)
150 g	**Butter**
150 g	**Zucker**
1 Prise	**Salz**
1 Pckg.	**Vanillezucker**
3	**Eier (Größe M)**
280 g	**Weizenmehl Type 405**
2 TL	**Backpulver**

Für die Makronenmasse:

3	**Eiweiß (Größe M)**
150 g	**Zucker**
100 g	**Kokosflocken**

Für den Guss:

120 g	**Puderzucker**
2 EL	**Ananaskonfitüre**

Zubereitung: ca. 1 Stunde

Utensilien: Springform Ø 26 cm,
2 Einwegspritzbeutel mit Lochtülle

Pro Stück: ca. 407 kcal, 5 g E, 17 g F, 56 g KH

1 Die Ananas schälen, den Strunk herausschneiden, das Fruchtfleisch grob raspeln oder in sehr kleine Stücke schneiden und abtropfen lassen. Backofen auf 180 Grad (Umluft 160) vorheizen. Boden der Springform mit Backpapier auslegen.

2 Für den Teig Butter mit Zucker, Salz und Vanillezucker mit den Quirlen des Handmixers cremig rühren. Eier nacheinander unterrühren. Das Mehl und das Backpulver mischen und abwechselnd mit den Ananasraspeln unter die Eimasse rühren.

3 Für die Makronenmasse die Eiweiße steif schlagen. Nach und nach den Zucker unterrühren und so lange weiterschlagen, bis er sich gelöst hat. Die Kokosflocken unterheben.

4 Den Ananasteig und die Makronenmasse jeweils in einen Spritzbeutel füllen. Den Teig und die Masse abwechselnd spiralförmig in die Springform spritzen, dabei am Rand der Form mit Ananasteig starten. Eine zweite und dritte Schicht ebenso aufspritzen. Den Kuchen im unteren Ofendrittel 45-50 Minuten lang backen, herausnehmen und auf einem Kuchengitter abkühlen lassen.

5 Den Kuchen aus der Form lösen. Puderzucker mit der Konfitüre und evtl. etwas kaltem Wasser verrühren und Kuchen damit bestreichen und trocknen lassen.

Backt mehr Früchte!

OBSTKUCHEN

Der Knackmoment einer Heidelbeere, die zarte Säure einer Zwetschge oder das Aroma von Himbeeren lassen Köstlichkeiten wie Tartes, Baisers und Biskuits zur Bestform auflaufen.

Wow!

Eine genussvolle Liaison:
Kirschen und Marzipan sind
ein Traumpaar. 100 g
Marzipan grob reiben und
über die Kirschen streuen.
Dann Streusel darüber-
geben und backen.

KIRSCH-SCHOKO-KUCHEN *mit Streuseln*

Eine in den Mund, eine in den Teig – dieser Rhythmus ist lange erprobt. Selbstverständlich haben wir auch dieses Ergebnis bis zum letzten Krümel getestet.

• •

Für 1 Kuchen (ca. 12 Stücke)

Für die Streusel:

50 g	**Butter**
50 g	**Zucker**
1 Prise	**Salz**
1	**Eigelb (Größe M)**
100 g	**Weizenmehl Type 405**

Für den Teig:

600 g	**Süßkirschen**
	(z. B. Knupperkirschen)
150 g	**weiche Butter**
	+ etwas für die Form
120 g	**Zucker**
1 Prise	**Salz**
3	**Eier (Größe M)**
225 g	**Weizenmehl Type 405**
1 geh. TL	**Backpulver**
75 g	**Schokostreusel**
100 ml	**Milch**

Zubereitung: ca. 1 Stunde 15 Minuten
+ 30 Minuten Kühlzeit
Utensilien: Springform Ø 26 cm
Pro Stück: ca. 370 kcal, 6 g E, 18 g F, 45 g KH

1 Die Butter für die Streusel würfeln und mit den übrigen Streuselzutaten krümelig verkneten. 30 Minuten kalt stellen. Kirschen waschen und abtropfen lassen. Die Stiele entfernen und die Kirschen entsteinen.

2 Den Backofen auf 180 Grad (Umluft 160) vorheizen. Boden der Springform mit Backpapier auslegen, die Seiten buttern. Für den Rührteig Butter, Zucker und Salz cremig rühren. Die Eier nacheinander je 30 Sekunden unterschlagen. Mehl, Backpulver und Schokostreusel miteinander vermischen und mit der Milch kurz unterrühren.

3 Teig in die Springform streichen. Mit den Kirschen belegen und darauf die Streusel verteilen. Kuchen im unteren Ofendrittel ca. 50 Minuten backen. Anschließend aus dem Ofen nehmen und auf einem Kuchengitter auskühlen lassen.

VARIANTE

Pflaumen-Schoko-Kuchen mit Streuseln

Statt mit Kirschen schmeckt der Kuchen auch sehr lecker mit der gleichen Menge an Mirabellen (gelben Zwetschgen) oder säuerlichen Pflaumen. Die Mirabellen entsteinen und im Ganzen auf dem Teig verteilen. Die Pflaumen halbieren, entsteinen, grob würfeln und auf dem Teig verteilen. Anschließend genauso verfahren wie im Rezept oben.

HIMBEER-
TARTELETTES *mit Mascarpone*

Hier treffen sich fruchtige Süßspeise und knuspriger Mürbeteig – zart dekoriert mit aromatischer Zitronenmelisse sorgen sie für einen unvergesslichen Gaumenkitzel.

. . . .

Für ca. 8 Stück

Für den Teig:

200 g	**Weizenmehl Type 405** **+ etwas zum Ausrollen**
100 g	**gemahlene Mandeln**
100 g	**Zucker**
1 Prise	**Salz**
150 g	**kalte Butter + etwas für die Formen**
1	**Eigelb (Größe M)**

Für die Füllung:

500 g	**Himbeeren**
3 EL	**Puderzucker**
300 g	**Schlagsahne**
200 g	**Mascarpone**
2 Stiele	**Zitronenmelisse**

Außerdem:

Hülsenfrüchte zum Blindbacken

Zubereitung: ca. 1 Stunde

+ 30 Minuten Kühlzeit

Utensilien: 8 Tartelette-Förmchen Ø ca. 11 cm

(am besten mit herausnehmbaren Böden)

Pro Stück: ca. 635 kcal, 8 g E, 48 g F, 41 g KH

1 Für den Mürbeteig Mehl, Mandeln, Zucker, Salz, Butter und Eigelb in einer Schüssel zuerst mit den Knethaken des Handmixers, dann mit den Händen zu einem glatten Teig verkneten. Teig zu einer Kugel formen und in Folie gewickelt 30 Minuten kalt stellen.

2 Den Backofen auf 200 Grad (Umluft 180) vorheizen. Die Tartelette-Formen fetten. Teig in 8 Portionen teilen und jede Portion auf einer leicht bemehlten Arbeitsfläche etwas größer als die Form ausrollen. Teig in die Formen legen und am Rand andrücken. Jeweils ein Stück Backpapier auf den Teig legen und mit Hülsenfrüchten beschweren. Die Tartelettes dann auf der mittleren Schiene ca. 12 Minuten backen. Herausnehmen, Hülsenfrüchte und Backpapier vorsichtig entfernen und Tartelettes noch mal für 3-4 Minuten in den Ofen stellen. Danach auf einem Kuchengitter auskühlen lassen. Aus den Formen lösen.

3 Für die Füllung die Himbeeren verlesen. 200 g Himbeeren mit Puderzucker vermischen und mit einer Gabel zerdrücken. Schlagsahne steif schlagen. Mascarpone verrühren und das Himbeerpüree unterrühren. Schlagsahne unterheben. Creme auf die Tartelettes geben. Die übrigen Beeren darauf verteilen und mit Zitronenmelisse garnieren.

BLINDES HUHN Blindbacken meint nichts anderes als das Vorbacken eines Teigs. Möchte man Teig mit einer Creme oder mit Früchten füllen, backt man ihn am besten vor. Das festigt den Boden und vermeidet das Durchweichen. Teig mit Backpapier belegen und mit Hülsenfrüchten beschweren. Dann ab damit in den Ofen. So bleibt der Boden flach und wirft keine Blasen. Zum Blindbacken eignen sich getrocknete Erbsen oder Bohnen.

Dreierlei-
BEEREN-KUCHEN

**Diese fantastische Schlemmerei lockt mit drei Sorten Beeren und leckerem Teig.
Unser Tipp: Nehmen Sie den Mund unbedingt zu voll!**

• •

Für 1 Kuchen (ca. 18 Stücke)

125 g	**weiche Butter + etwas für die Form**
225 g	**Weizenmehl Type 405**
2 ½ TL	**Backpulver**
220 g	**Zucker**
1 EL	**Vanilleextrakt (ersatzweise Mark 1 Vanilleschote)**
125 ml	**Milch**
2	**Eier (Größe M)**
200 g	**rote Johannisbeeren**
250 g	**Heidelbeeren**
250 g	**Brombeeren**

Zubereitung: ca. 1 Stunde 15 Minuten

Utensilien: eckige Backform oder Blech 25 x 40 cm

Pro Stück: ca. 171 kcal, 3 g E, 7 g F, 24 g KH

1 Den Backofen auf 160 Grad (Umluft 140) vorheizen. Die Form mit Backpapier auslegen und den Rand fetten.

2 Für den Teig Mehl, Butter, Backpulver und Zucker in einer Schüssel vermischen. Vanilleextrakt, Milch und Eier hinzugeben und alle Zutaten mit den Quirlen des Handmixers zu einem glatten Teig verrühren. Den Teig dann in die Form geben und glatt streichen.

3 Die Beeren vorsichtig waschen und trocken tupfen. Johannisbeeren mit einer Gabel von den Rispen streifen. Alle Beeren mischen und auf dem Teig verteilen. Den Kuchen auf der mittleren Schiene 45-55 Minuten backen und anschließend auf einem Kuchengitter abkühlen lassen.

YUM TAM TAM

WER JETZT IMMER NOCH EINEN HALBVOLLEN BEEREN-KORB HAT, DEM EMPFEHLEN WIR DIESES REZEPT:

BEERENTÖRTCHEN

yumtamtam.de/beerentoertchen/

ZITRONEN-TARTE *mit Baiser*

Muntere Zitronenfüllung flirtet mit spitzen Baisertupfen – eine Romanze wie aus dem Märchen. Am späten Nachmittag passt ein Gläschen Limoncello wunderbar dazu.

Für 1 Tarte (ca. 12 Stücke)

Für den Teig:

200 g	**Weizenmehl Type 405** + etwas zum Arbeiten
100 g	**kalte Butter** + etwas für die Form
75 g	**Zucker**
1 Prise	**Salz**

Für die Füllung:

3–4	**Bio-Zitronen**
125 g	**Butter**
180 g	**Zucker**
4	**Eier (Größe M)**
2	**Eigelb (Größe M)**

Für das Baiser:

2	**Eiweiß (Größe M)**
1 Prise	**Salz**
100 g	**Zucker**

Außerdem:

Hülsenfrüchte zum Blindbacken

Zubereitung: ca. 55 Minuten
+ 1 Stunde Kühlzeit
Utensilien: Tarteform Ø 28 cm, Spritzbeutel mit kleiner Sterntülle Ø 6 mm
Pro Stück: ca. 373 kcal, 5 g E, 19 g F, 43 g KH

1 Für den Mürbeteig Mehl, Butter in Stücken, Zucker, Salz und 50 ml sehr kaltes Wasser zu einem glatten Teig verkneten. Sollte er zu krümelig sein, noch etwas kaltes Wasser dazugeben. Teig in Folie wickeln und ca. 30 Minuten kalt stellen.

2 Backofen auf 200 Grad (Umluft 180) vorheizen. Tarteform buttern. Teig auf einer leicht bemehlten Arbeitsfläche rund (Ø ca. 32 cm) ausrollen und in die Form heben. An Boden und den Rändern leicht andrücken. Mehrmals mit einer Gabel einstechen, mit Backpapier belegen und Hülsenfrüchte darauf verteilen. Den Boden im unteren Drittel des Ofens ca. 10 Minuten vorbacken. Danach Hülsenfrüchte und Backpapier entfernen und noch einmal ca. 15 Minuten backen.

3 Inzwischen für die Füllung 2 Zitronen waschen, trocken tupfen und die Schale fein abreiben. Alle Früchte auspressen: Der Saft sollte etwa 150 ml ergeben. Dann die Butter schmelzen. Zucker, Zitronensaft und -schale sowie Eier und Eigelbe einrühren und bei mittlerer Hitze unter ständigem Rühren ca. 5 Minuten zu einer dicklichen Creme kochen.

4 Den Boden aus dem Ofen nehmen. Die Creme darauf verteilen und ca. 30 Minuten abkühlen lassen. Für das Baiser Eiweiße und Salz sehr steif schlagen. Dann Zucker unter ständigem Rühren einrieseln lassen und zu einem sehr festen, glänzenden Eischnee verarbeiten. Baiser in den Spritzbeutel mit kleiner Sterntülle füllen und dicht an dicht als kleine Tupfen auf die Tarte spritzen. Unter dem heißen Backofengrill ca. 2 Minuten kurz grillen.

STATT MIT BAISER KANN MAN TARTES AUCH MIT TEIG DEKORIEREN. WIE DAS GEHT, VERRATEN WIR IN UNSEREM VIDEO HIER:

WALDBEEREN-PIE
edeka.de/waldbeeren-pie

Aha!

Hommage an eine Tänzerin: Die Pavlova wurde nach der russischen Ballerina Anna Pavlova benannt. In den 1920er-Jahren tourte sie durch Australien und Neuseeland. Heute behaupten beide Nationen, dass ein Bäcker ihres Landes den Kuchen im Namen der Tänzerin kreierte.

FRÜCHTE-PAVLOVA *mit Brombeersauce*

Und am siebten Tag schuf der Gott der Konditoren die Pavlova: eine große Baiserscheibe, die ein ganzes Füllhorn an malerischen Sommerfrüchten trägt.

. . . .

Für 1 Pavlova (ca. 8 Stücke)

3	**Eiweiß (Größe M)**
175 g	**Zucker**
1 Prise	**Salz**
1	**Vanilleschote**
200 g	**Schlagsahne**
50 g	**gemahlene Mandeln**
125 g	**Brombeeren**
1-2	**Nektarinen**
etwas	**Olivenöl**
1-2	**Feigen**
1	**Handvoll gehobelte Mandeln frische Beeren (z. B. Himbeeren und Heidelbeeren)**

Zubereitung: ca. 1 Stunde 40 Minuten
Utensilien: Backblech
Pro Stück: ca. 275 kcal, 4 g E, 15 g F, 30 g KH

1 Den Backofen auf 120 Grad (Umluft 100) vorheizen. Backblech mit Backpapier auslegen. Mit einem Bleistift einen Kreis (Ø ca. 20 cm) auf das Backpapier zeichnen (einen Teller oder Ähnliches verwenden). Eiweiße halbsteif schlagen, dann nach und nach während des Schlagens 150 g Zucker und Salz hinzufügen. 5 Minuten weiterschlagen, bis die Baisermasse schön glänzt und der Zucker sich aufgelöst hat. Vanilleschote der Länge nach aufschneiden, das Mark herauskratzen und kurz unterschlagen.

2 Die Baisermasse mit einem Esslöffel innerhalb des aufgezeichneten Kreises verteilen. In der Mitte eine Mulde für die Schlagsahne formen. Pavlova für ca. 90 Minuten auf der zweiten Schiene von unten backen, dann Ofen ausschalten und das Baiser erst herausnehmen, wenn der Ofen ganz abgekühlt ist.

3 Wenn die Pavlova komplett abgekühlt ist, vorsichtig mit einem langen Messer vom Backpapier lösen. Sie sollte sich außen kross anfühlen. Schlagsahne mit restlichem Zucker steif schlagen und gemahlene Mandeln unterheben. Pavlova mit der Mandelsahne füllen.

4 Brombeeren waschen und pürieren, ggf. etwas Wasser unterrühren, falls die Sauce zu dicklich ist. Nektarinen waschen, entkernen und in Spalten schneiden. Mit etwas Olivenöl bepinseln und in einer Grillpfanne ein paar Minuten grillen. Feigen waschen und in Spalten schneiden. Frische Beeren verlesen. Pavlova mit Brombeersauce, Früchten und gehobelten Mandeln servieren.

Himbeer-
BROMBEER-
COBBLER

Very british: „Cobbler" bedeutet Schuh-
flicker – gemeint ist die zusammenge-
flickte Keksteigschicht auf den Früchten.

• • • • • • • • • • • •

Für 1 Auflaufform (ca. 4 Portionen)

180 g	**Weizenmehl Type 405**
115 g	**weiche Butter**
2 TL	**Backpulver**
1 Prise	**Salz**
180 g	**Crème double**
300 g	**Himbeeren**
300 g	**Brombeeren**
¼ TL	**Zimt**
100 g	**Zucker**
3 TL	**Speisestärke**
2 EL	**Puderzucker**
100 g	**Crème fraîche**

Zubereitung: ca. 1 Stunde 10 Minuten

Utensilien: Back- oder Auflaufform ca. 26 x 20 cm

Pro Portion: ca. 840 kcal, 8 g E, 54 g F, 76 g KH

1 Mehl, Butter, Backpulver und Salz in einer Schüssel vermischen. Nach und nach Crème double hinzufügen. Mit dem Handmixer rühren, bis ein geschmeidiger Teig entsteht.

2 Backofen auf 200 Grad (Umluft 180) vorheizen. Himbeeren und Brombeeren verlesen. In einer Schüssel mit Zimt, Zucker und Speisestärke gleichmäßig vermischen. Die Beeren in die Backform füllen. Teig zerzupfen und die Stücke über den Beeren verteilen. Cobbler auf der mittleren Schiene ca. 50 Minuten goldbraun backen. Mit Puderzucker bestäuben und lauwarm mit einem Klecks Crème fraîche servieren.

LUST AUF NOCH MEHR SOMMERFRÜCHTE?
DANN WERDEN SIE AUCH DIESE VARIANTE LIEBEN:

PFIRSICH-CRUMBLE
yumtamtam.de/pfirsich-crumble/

Kokos—
APFEL-
KUCHEN

Tropisch-süß und ballaststoff-reich: Hier dürfen die Vorzüge des Kokosmehls glänzen.

• • • • • • • • • • • • •

Für 1 Kuchen (ca. 12 Stücke)

175 g	**Butter + etwas für die Form**
150 g	**Zucker**
1 Prise	**Salz**
1 Prise	**gemahlene Vanille**
3	**Eier (Größe M)**
100 g	**Kokosmehl**
200 g	**Weizenmehl Type 405 + etwas für die Form**
2 TL	**Zimt**
2 TL	**Backpulver**
100 ml	**Milch**
1 kg	**Äpfel**
1–3 EL	**Aprikosenkonfitüre**
	Puderzucker

Zubereitung: ca. 1 Stunde 20 Minuten
+ 1 Stunde Kühlzeit
Utensilien: Springform Ø 26 cm
Pro Stück: ca. 345 kcal, 4 g E, 20 g F, 37 g KH

1 Backofen auf 180 Grad (Umluft 160) vorheizen. Den Boden der Springform mit Backpapier auslegen, die Seiten buttern und mehlen.

2 Für den Teig Butter, Zucker, Salz und Vanille 5 Minuten cremig aufschlagen. Eier nacheinander jeweils eine halbe Minute lang unterrühren. Kokosmehl, Weizenmehl, Zimt und Backpulver mischen und unterrühren. Dann die Milch dazugeben und unterrühren.

3 Etwa zwei Drittel der Äpfel schälen, entkernen, in kleine Würfel schneiden und unter den Teig heben. Teig in die Springform füllen. Die übrigen Äpfel vierteln, entkernen und in schmale Spalten schneiden. Die Spalten kreisförmig auf dem Teig anordnen. Aprikosenkonfitüre mit etwas Wasser verrühren und die Apfelspalten damit bestreichen.

4 Den Apfelkuchen auf der zweiten Schiene von unten 50-60 Minuten backen (nach der Hälfte der Backzeit nochmals mit Konfitüre bestreichen). Dann 1 Stunde abkühlen lassen und zum Schluss mit Puderzucker bestäuben.

GEDECKTER APFELKUCHEN *mit Brombeercreme*

Einem Klassiker sollte man eigentlich nichts andichten. Es sei denn, es handelt sich um einen grandiosen Serviervorschlag: Die Quark-Sahne-Brombeercreme wird Sie restlos überzeugen.

Für 1 Kuchen (ca. 12 Stücke)

250 g	**weiche Butter + etwas für die Form**
320 g	**Zucker**
500 g	**Weizenmehl Type 405**
	+ etwas zum Arbeiten
4	**Eigelb (Größe M)**
4 TL	**Milch**
1 ¼ kg	**Boskoop-Äpfel**
100 g	**Cranberries**
1 EL	**Bio-Orangenschale**
125 g	**TK-Brombeeren, aufgetaut**
300 g	**Quark**
90 g	**Schlagsahne**

Zubereitung: ca. 1 Stunde 20 Minuten

+ 1 Stunde Kühlzeit

Utensilien: Springform Ø 26 cm

Pro Stück: ca. 560 kcal, 10 g E, 23 g F, 70 g KH

1 Die Butter, 200 g Zucker, Mehl, Eigelbe und Milch rasch zu einem Teig verkneten. Den Teig in Folie wickeln und für 1 Stunde kalt stellen.

2 Die Äpfel waschen, entkernen und in Würfel schneiden. In einer Pfanne 50 g Zucker leicht karamellisieren lassen. Die Äpfel dazugeben, gut durchschwenken und 5 Minuten lang zugedeckt dünsten. Cranberries unter die Äpfel mischen und Füllung abkühlen lassen.

3 Den Backofen auf 190 Grad (Umluft 170) vorheizen. Die Springform einfetten. Zunächst zwei Drittel des Teigs auf einer bemehlten Arbeitsfläche etwas größer als die Form ausrollen. Den Teig in die Form legen, dabei einen Rand von ca. 3 cm formen, Apfel-Cranberry-Mischung hineingeben und mit Orangenabrieb bestreuen.

4 Restlichen Teig auf der bemehlten Arbeitsfläche zu einem Deckel ausrollen. Deckel auf die Füllung legen, an den Rändern leicht andrücken und mit 50 g Zucker bestreuen. Teig mit einer Messerspitze mehrmals einstechen und Kuchen auf der zweiten Schiene von unten ca. 50 Minuten backen.

5 Kuchen aus dem Ofen nehmen und auf einem Kuchengitter abkühlen lassen. In der Zwischenzeit Brombeeren mit Quark, Schlagsahne und übrigem Zucker vermischen. Kuchen aus der Form lösen und mit der Brombeercreme servieren.

WELCHER DARF'S DENN SEIN? Aromatisch sollen sie sein und beim Backen nicht zerfallen. Für Apfelkuchen eignen sich Äpfel mit festem Fruchtfleisch: z. B. der geschmacksintensive Boskoop, der süß-säuerliche Jonagold, der fein säuerliche Elstar sowie der Klassiker Cox Orange.

APFEL-BIRNEN-STRUDEL *mit Vanillesauce*

Die Zubereitung dieser berühmten Mehlspeise ist sinnlich und überhaupt nicht schwer. Servieren Sie sie warm mit Vanillesauce – und Sie landen direkt im Schlaraffenland.

• •

Für 1 Strudel (ca. 12 Stücke)

Für den Teig:

30 g	**Butter**
150 g	**Weizenmehl Type 405** **+ etwas zum Ausrollen**
1	**Eigelb (Größe M)**
1 Prise	**Salz**
etwas	**Öl zum Bestreichen**

Für die Füllung:

100 g	**Butter**
80 g	**Semmelbrösel**
100 g	**Pekannüsse**
500 g	**Äpfel**
500 g	**Birnen**
3 EL	**Zitronensaft**
100 g	**Zucker**
2 TL	**Zimt**
½ TL	**gemahlene Muskatnuss**

Außerdem:

2 EL	**Puderzucker** **Vanillesauce (nach Belieben)**

Zubereitung: ca. 1 Stunde 10 Minuten
+ 1 Stunde Ruhe- und Kühlzeit
Utensilien: Backblech, Geschirrtuch
Pro Stück: ca. 288 kcal, 4 g E, 14 g F, 32 g KH

1 Für den Teig die Butter schmelzen. Mit den übrigen Zutaten sowie 80 ml warmem Wasser zu einem geschmeidigen Teig verkneten. Den Teig mit Öl bepinseln und mit Frischhaltefolie abgedeckt bei Zimmertemperatur ca. 30 Minuten ruhen lassen.

2 In der Zwischenzeit für die Füllung 50 g Butter schmelzen, Semmelbrösel dazugeben und unter Rühren goldbraun rösten. Die Nüsse hacken. Äpfel und Birnen schälen, vierteln, entkernen und quer in feine Scheiben schneiden. Dann die Scheiben mit Zitronensaft, Zucker, Zimt und Muskat vermengen.

3 Backofen auf 200 Grad (Umluft 180) vorheizen. Ein Backblech mit Backpapier auslegen. Restliche Butter schmelzen. Den Teig auf einem bemehlten Geschirrtuch zu einem Rechteck (ca. 40 x 60 cm) sehr dünn ausrollen. Mit der Hälfte der flüssigen Butter bepinseln. Den Teig mit der kurzen Seite (ca. 40 cm) nach unten drehen. Auf der unteren Hälfte des Teigs die Semmelbrösel und darauf die Apfel-Birnen-Mischung verteilen, dabei einen ca. 3 cm breiten Rand frei lassen. Die Seitenränder über die Füllung klappen.

4 Den Strudel mithilfe des Geschirrtuchs von der kurzen Seite her von unten nach oben aufrollen. Strudel auf das Backblech heben, sodass die Nahtstelle nach unten zeigt. Mit einem weiteren Viertel der Butter bepinseln und auf der mittleren Schiene ca. 35 Minuten backen.

5 Strudel sofort mit der restlichen Butter bepinseln und ca. 30 Minuten auskühlen lassen. Mit Puderzucker bestäuben und warm oder kalt servieren. Dazu schmeckt Vanillesauce.

ENTSPANN DICH Je dünner der Teig ausgerollt wird, desto zarter wird der Strudel. Um das zu erreichen, sollte der Teig sehr elastisch sein. Den Strudelteig dafür lieber etwas länger ruhen lassen, damit er sich richtig entspannt. Test: Wenn man am Teig zieht, sollte er sich dehnen, ohne sofort zu zerreißen.

ZWETSCHGEN-GALETTE *mit Zimt-Zucker*

Diese Naturschönheit wird aus Mürbeteig gemacht – wie geschaffen für die Zwetschgenzeit. Zur aromatischen Finesse werden zwei Rosmarinzweige mitgebacken.

· ·

Für 1 Galette (ca. 8 Stücke)

Für den Teig:

250 g	**Weizenmehl Type 405** **+ etwas zum Arbeiten**
50 g	**Zucker**
1 Prise	**Salz**
125 g	**kalte Butter, in Stückchen**
1	**Ei (Größe M)**

Für die Zwetschgenfüllung:

500 g	**Zwetschgen**
3 EL	**Zucker**
1 TL	**Zimt**
etwas	**Milch**
1-2	**Rosmarinzweige**

Zubereitung: ca. 1 Stunde + 30 Minuten Kühlzeit

Utensilien: Backblech

Pro Stück: ca. 310 kcal, 5 g E, 14 g F, 40 g KH

1 Für den Teig Mehl, Zucker, Salz und Butter verkneten. Dann das Ei und ggf. kaltes Wasser unterkneten, bis ein glatter Teig entsteht. Mürbeteig in Folie gewickelt 30 Minuten im Kühlschrank ruhen lassen. Den Teig auf einem leicht bemehlten Backpapier ausrollen. Einen großen Teller oder eine Springform darüberlegen und mit einem Messer einen Kreis aus dem Teig schneiden. Den Backofen auf 180 Grad (Umluft 160) vorheizen.

2 Für die Füllung Zwetschgen waschen, entsteinen und in schmale Spalten schneiden. Früchte kreisförmig von innen nach außen auf dem Teig anordnen, dabei rundherum einen 2 cm breiten Rand frei lassen. Zucker mit Zimt mischen und über die Zwetschgen streuen. Den Rand nach innen klappen, dabei den Teig in Falten legen. Anschließend den Rand mit Milch bestreichen. Das Backpapier mit dem Teig auf ein Backbech ziehen.

3 Die Galette auf der mittleren Schiene 30-40 Minuten backen, bis der Rand goldbraun ist. Rosmarinzweige waschen, trocken tupfen. In den letzten 15 Minuten noch Rosmarinzweige auf die Galette legen und mitbacken. Rosmarin entfernen und Galette warm servieren.

Galettes sind französische Pfannkuchen, die ursprünglich mit Buchweizenmehl zubereitet wurden. Der Teig wird per Hand geformt und der überstehende Rand über die Füllung geschlagen. Das ist auch bis heute so geblieben – allerdings gibt es mittlerweile verschiedene Variationen des Teigs.

APRIKOSEN-TARTE *mit Mandelcreme*

Der Clou bei diesem Mürbeteig ist das Hinzugeben von Quark, der seine Frische auch in der selbst gekochten Mandelcreme entfaltet. Die süßen Aprikosen sind das i-Tüpfelchen.

• •

Für 1 Kuchen (ca. 12 Stücke)

Für die Füllung:

50 g	**gemahlene Mandeln**
1 Pckg.	**Vanillezucker**
50 g	**Marzipanrohmasse**
500 g	**reife Aprikosen**
150 g	**Magerquark**
50 g	**Zucker**
1	**Ei (Größe M)**
20 g	**Mandelblättchen**

Für den Teig:

etwas	**Fett für die Form**
200 g	**Weizenmehl Type 405**
	+ etwas zum Arbeiten
2 TL	**Backpulver**
100 g	**Magerquark**
50 g	**Zucker**
1 Prise	**Salz**
4 EL	**Milch**
4 EL	**neutrales Öl**

Zubereitung: ca. 1 Stunde 10 Minuten
Utensilien: Tarteform Ø 26–28 cm
Pro Stück: ca. 230 kcal, 8 g E, 9 g F, 30 g KH

1 Für die Füllung die Mandeln, den Vanillezucker und 75 ml Wasser in einem kleinen Topf verrühren und aufkochen. Unter Rühren ca. 2 Minuten köcheln, bis die Flüssigkeit verdampft ist. In eine Schüssel umfüllen und etwas auskühlen lassen. Marzipan mit den Quirlen des Handmixers unterrühren. Creme beiseitestellen. Die Aprikosen waschen, trocken tupfen, halbieren und entsteinen.

2 Backofen auf 180 Grad (Umluft 160) vorheizen. Die Tarteform fetten und mehlen. Für den Teig Mehl, Backpulver, Quark, Zucker, Salz, Milch und Öl zu einem geschmeidigen Teig verkneten. Den Teig auf einer bemehlten Arbeitsfläche in der Größe der Form ausrollen und in die Form legen, dabei einen ca. 3 cm hohen Rand formen.

3 Die Mandelcreme mit dem Quark, 30 g Zucker und dem Ei verrühren. Auf dem Boden verteilen. Die Aprikosenhälften darauflegen, dabei leicht in die Creme drücken. Mit übrigem Zucker und Mandelblättchen bestreuen und ca. 35 Minuten im unteren Drittel des Ofens backen.

Ein Traum aus 1001 Nacht: Marzipan kommt ursprünglich aus dem Orient und besteht lediglich aus Mandeln, Zucker und (Rosen-)Wasser. Für das Mengenverhältnis der Rohmasse gibt es festgelegte Regeln: Es müssen mindestens 48 Prozent Mandeln enthalten sein und maximal 35 Prozent Zucker.

Aha! Limette und Limone sind nicht das Gleiche. Limone ist der alte Begriff für Zitrone. Die Schale einer reifen Limette ist grün, eine gelbe Farbe deutet darauf hin, dass sie bereits überreif ist. Zitronen hingegen sind unreif grün und werden gelb, wenn sie reifen.

LIMETTEN-SCHNITTEN *mit Holundersirup*

Flott gemacht, frisch gekühlt, fantastisch fruchtig. Die 3-F-Formel funktioniert supereinfach und wird Ihnen viele Komplimente bescheren. Dann sagen Sie lässig: „Ach, die sind ganz leicht!"

• •

Für 1 Kuchen (ca. 18 Stücke)

150 g	**weiße Couverture**
150 g	**Butter**
300 g	**Butterkekse**
1	**Vanilleschote**
8 Blatt	**weiße Gelatine**
ca. 9	**Bio-Limetten**
600 g	**Doppelrahmfrischkäse**
500 g	**Quark**
200 g	**Zucker**
2 EL	**Holunderblütensirup**

Zubereitung: ca. 30 Minuten
+ 3 Stunden 15 Minuten Kühlzeit
Utensilien: eckige Springform ca. 35 x 24 cm
Pro Stück: ca. 450 kcal, 12 g E, 29 g F, 36 g KH

1 Die eckige Springform mit Frischhaltefolie auslegen. Couverture hacken und in einem Wasserbad schmelzen. Butter in einem Topf zerlassen. Kekse grob zerbröseln. Butter und Couverture unter die Kekse rühren. Die Mischung gleichmäßig in die Form geben und gut andrücken. Ca. 15 Minuten kalt stellen.

2 Inzwischen die Vanilleschote der Länge nach aufschneiden und das Mark herauskratzen. Gelatine in reichlich kaltem Wasser ca. 10 Minuten einweichen.

3 Die Schale von 3 Limetten abreiben. Vanillemark mit Frischkäse, Quark, Zucker und 1 TL Limettenschale verrühren. Saft von 8 Limetten (1 Limette für die Deko zur Seite stellen) auspressen, sodass 140 ml Saft entstehen.

4 2 EL Limettensaft in einem Topf erhitzen. Restlichen Saft unter die Frischkäsecreme rühren. Topf vom Herd ziehen. Gelatine etwas ausdrücken und im heißen Saft auflösen. Ca. 4 EL Frischkäsecreme unterrühren. Anschließend die Gelatinemischung unter die restliche Creme rühren und auf den Keksboden geben. Creme glatt streichen und für mindestens 3 Stunden kalt stellen.

5 Zum Servieren den Kuchen in Stücke schneiden. Eine Limette in sehr dünne Scheiben schneiden und auf den Schnitten verteilen. Sirup mit übriger Limettenschale mischen und darüberträufeln.

ERDBEER-BROWNIE *mit Mascarpone*

Mit diesen Früchtchen auf einem Mascarpone-Bettchen machen Sie sich auf jeder Gartenparty beliebt. Aber vielleicht vernaschen Sie das Vorzeigestück auch einfach selbst.

Für 1 Kuchen (ca. 12 Stücke)

Für den Teig:

120 g	**Weizenmehl Type 405**
250 g	**Zucker**
85 g	**Backkakao**
1 Msp.	**Salz**
225 g	**flüssige Butter**
4	**Eier (Größe M)**

Für das Frosting:

200 g	**Mascarpone**
200 g	**Quark**
1	**Vanilleschote**
3 EL	**feiner Zucker**
250 g	**Erdbeeren**
1	**Handvoll Minze**

Zubereitung: ca. 40 Minuten
Utensilien: eckige Backform ca. 15 x 20 cm
Pro Stück: ca. 440 kcal, 11 g E, 34 g F, 61 g KH

1 Ofen auf 180 Grad (Umluft 160) vorheizen. Mehl, Zucker, Backkakao und Salz mit einem Löffel gründlich mischen. Die geschmolzene Butter hinzugeben und mit dem Handmixer oder der Küchenmaschine sorgfältig vermengen. Eier nach und nach hinzufügen und nochmals für 1 Minute vermengen.

2 Backform mit Backpapier auslegen. Den Teig in die Form geben, glatt streichen und ca. 12 Minuten auf der mittleren Schiene backen. Der Brownie sollte auf Druck mit dem Finger noch etwas nachgeben. Bei der Stäbchenprobe darf etwas Teig kleben bleiben, dieser sollte aber nicht flüssig sein.

3 In der Zwischenzeit das Frosting vorbereiten. Mascarpone und Quark in eine Schüssel geben und mit einem Löffel verrühren. Die Vanilleschote mit einem Messer der Länge nach aufschneiden und das Mark herauskratzen. Vanillemark mit Zucker gründlich unter die Quarkcreme rühren. Kalt stellen. Brownie aus dem Ofen nehmen, auf einem Kuchengitter vollständig auskühlen lassen.

4 Brownie aus der Form lösen. Die Creme gleichmäßig darauf verteilen. Erdbeeren putzen. Einen Teil der Beeren ganz lassen, den anderen halbieren oder vierteln. Erdbeeren auf der Creme verteilen. Zum Schluss mit Minzblättchen bestreuen.

KEINE ERDBEERZEIT? BROWNIES SCHMECKEN AUCH MIT ÄPFELN.
ALLEIN SCHON DAS VIDEO KANN SÜCHTIG MACHEN:
APFEL—TOFFEE—BROWNIES ▶
edeka.de/apfel-brownie

Vanille–
ERDBEER-
KUCHEN

Ein Vorzeigestück im Handumdrehen? Voilà! Hübsche Früchte beim Rendez-vous mit hausgemachter Vanillecreme.

• • • • • • • • • • • •

Für 1 Kuchen (ca. 12 Stücke)

Für die Vanillecreme:

¼	**Vanilleschote**
250 ml	**Milch**
60 g	**Zucker**
2	**Eigelb (Größe M)**
20 g	**Speisestärke**

Für den Kuchen:

1	**Biskuittortenboden**
500 g	**Erdbeeren**
1 Pckg.	**klarer Tortenguss**
80 g	**Zucker**
2 Stiele	**Minze**
150 g	**Schlagsahne**

Zubereitung: ca. 40 Minuten

Pro Stück: ca. 181 kcal, 3 g E, 8 g F, 22 g KH

1 Die Vanilleschote der Länge nach aufschneiden und das Mark herauskratzen. Milch bis auf 4 EL mit dem Vanillemark und 30 g Zucker aufkochen.

2 Die Eigelbe mit der Stärke, dem restlichen Zucker und der übrigen Milch glatt rühren und langsam unter Rühren in die kochende Milch gießen. Unter Rühren aufkochen und kurz weiterkochen lassen.

3 Den Biskuitboden auf eine Kuchenplatte legen. Vanillecreme gleichmäßig darauf verteilen und abkühlen lassen.

4 Die Erdbeeren waschen, putzen und abtropfen lassen. Dann die Erdbeeren auf die Creme legen. Tortenguss nach Packungsangabe mit 40 g Zucker zubereiten. Den Guss etwas abkühlen lassen, gleichmäßig auf den Erdbeeren verteilen und fest werden lassen. Kuchen mit Minzblättchen garnieren. Schlagsahne mit übrigem Zucker steif schlagen und zum Kuchen servieren.

Schoko–
BIRNEN-
KUCHEN

„Lütt Dirn … ick hebb 'ne Birn."
Theodor Fontane hätte diesem
Wurf sicher ein Gedicht gewidmet.

• • • • • • • • • • • •

Für 1 Kuchen (ca. 10 Stücke)

200 g	**Butter + etwas für die Form**
1	**Bio-Limette**
6	**Eier (Größe M)**
4	**Eigelb (Größe M)**
180 g	**Zucker**
1 Prise	**Salz**
180 g	**Weizenmehl Type 405**
2 EL	**Backkakao**
120 g	**Speisestärke**
3 EL	**Walnusskerne**
2 EL	**Schokoladentropfen**
3	**Birnen**
	Puderzucker

Zubereitung: ca. 1 Stunde 10 Minuten
+ 30 Minuten Kühlzeit
Utensilien: Kastenform 25 cm
Pro Stück: ca. 253 kcal, 8 g E, 12 g F, 27 g KH

1 Backofen auf 200 Grad (Umluft 180) vorheizen. Die Kastenform einfetten. Butter in einem Topf schmelzen. Die Limette heiß abwaschen, trocken tupfen und die Schale abreiben. Eier, Eigelbe, Zucker und Salz in eine Rührschüssel geben. Limettenschale hinzugeben und alles mit dem Handmixer schaumig schlagen.

2 Die geschmolzene Butter langsam unter die Eimasse rühren. Zuerst das Mehl, dann den Kakao und anschließend die Stärke in die Schüssel sieben und unter die Masse heben.

3 Die Walnüsse hacken. Mit den Schokoladentropfen unter den Teig heben. Teig gleichmäßig in der Kastenform verteilen. Die Birnen waschen und im Ganzen hochkant in den Teig drücken. Den Kuchen auf der zweiten Schiene von unten 40–50 Minuten backen, bis er eine schöne Kruste hat. Kuchen auf dem Kuchengitter 30 Minuten abkühlen lassen, mit Puderzucker bestäuben und genießen.

HEIDELBEER-BISKUITROLLE *mit Joghurt*

Diese absolut leicht zubereitete Rolle liebt es kühl, etwa fünf Stunden braucht sie dafür insgesamt. So viel Geduld wird selbstverständlich mit Hochgenuss belohnt.

• •

Für 1 Rolle (ca. 12 Stücke)

Für den Biskuit:

1	**Bio-Zitrone**
4	**Eier (Größe M)**
100 g	**Zucker**
1 Pckg.	**Vanillezucker**
50 g	**Weizenmehl Type 405**
40 g	**Speisestärke**
1 EL	**Sonnenblumenöl**

Für die Füllung:

300 g	**TK-Heidelbeeren**
75 g	**Zucker**
150 g	**Joghurt**
5 Blatt	**weiße Gelatine**
250 g	**Schlagsahne**
2 EL	**Puderzucker**

Zubereitung: ca. 40 Minuten
+ 3 Stunden Kühlzeit
Utensilien: Backblech, Küchentuch
Pro Stück: ca. 225 kcal, 8 g E, 10 g F, 25 g KH

1 Die Zitrone heiß waschen, trocknen und die Schale abreiben. Die Zitrone auspressen und Saft für die Füllung beiseitestellen. Backofen auf 220 Grad vorheizen.

2 Die Eier trennen. Eiweiße steif schlagen, dabei die Hälfte des Zuckers einrieseln lassen. Restlichen Zucker, Vanillezucker, Eigelbe und Zitronenschale hellcremig aufschlagen. Die Hälfte des Eischnees unterrühren. Übrigen Eischnee daraufgeben. Mehl mit Speisestärke mischen, darübersieben und alles vorsichtig mit dem Öl unterheben.

3 Den Teig gleichmäßig auf ein mit Backpapier ausgelegtes Blech streichen und auf der mittleren Schiene 8-10 Minuten goldbraun backen. Den Biskuit sofort auf ein mit Zucker bestreutes Tuch stürzen, das Backpapier vorsichtig abziehen, den Biskuit von der Längsseite her mit dem Tuch aufrollen und auskühlen lassen.

4 Heidelbeeren auftauen lassen. Mit Zitronensaft und Zucker kurz aufkochen, pürieren, durch ein feines Sieb streichen und abkühlen lassen. Joghurt unterrühren. Gelatine in kaltem Wasser einweichen, ausdrücken, in einem kleinen Topf bei schwacher Hitze auflösen und gleichmäßig unter die Heidelbeer-Joghurt-Masse rühren. Creme so lange kalt stellen, bis sie zu gelieren beginnt. Schlagsahne steif schlagen und gleichmäßig unterheben.

5 Den ausgekühlten Biskuit abrollen. Die Heidelbeermasse gleichmäßig daraufstreichen, dabei rundherum 1 cm Rand frei lassen. Biskuit von der langen Seite her wieder aufrollen und ca. 3 Stunden kalt stellen. Vor dem Servieren die Heidelbeer-Biskuitrolle mit Puderzucker bestäuben.

FÜR DIE PERFEKTE ROLLE Die Biskuitplatte nicht länger als im Rezept angegeben backen. Zu lange gebacken, wird sie trocken und reißt. Daher den Biskuit auch nicht bei Umluft backen. Den aufgerollten Biskuit vollständig bei Zimmertemperatur (ca. 2 Stunden) auskühlen lassen.

Da geht was

HEFETEIG

Fluffig im Auftritt und fein im Geschmack. Das sind die Merkmale eines perfekten Hefeteigs. Beim Entstehen braucht er dafür Wärme und Ruhe. Wer das beherzigt, hat mit ihm ein leichtes Spiel.

NOUGAT-
KNOTEN *mit Zimt*

Anhänger der skandinavischen Hygge/Lykke-Bewegung müssen zwei Sachen draufhaben: Zimtschnecken und Kanelbullar. Letztere geben mit Nougat das Extra-Glücksversprechen.

· ·

Für ca. 12 Stück

80 g	**Nuss-Nougat-Masse**
160 g	**weiche Butter**
500 g	**Weizenmehl Type 405**
	+ etwas zum Ausrollen
½ TL	**Salz**
½ Würfel	**frische Hefe**
120 g	**brauner Zucker**
250 ml	**lauwarme Milch**
1	**Eigelb (Größe M)**
2 TL	**Zimt**
1 EL	**Puderzucker**

Zubereitung: ca. 1 Stunde 30 Minuten
+ 1 Stunde 10 Minuten Ruhezeit
Utensilien: Backblech
Pro Stück: ca. 344 kcal, 6 g E, 15 g F, 46 g KH

1 Nougat in ca. 8 mm große Würfel schneiden und in den Tiefkühler geben. Die Hälfte der Butter schmelzen. Mehl mit Salz in einer Schüssel mischen. In die Mitte eine Mulde drücken. Hefe zerbröseln und mit 1 TL braunem Zucker in 100 ml Milch auflösen. Das Gemisch in die Mulde gießen. Mit etwas Mehl bestäuben und 10 Minuten gehen lassen.

2 Restliche Milch, 60 g braunen Zucker, flüssige Butter und Eigelb zugeben. Mit den Knethaken des Handmixers zu einem Teig kneten. Zugedeckt 1 Stunde gehen lassen.

3 Den Backofen auf 180 Grad (Umluft 160) vorheizen. Den Teig auf einer bemehlten Arbeitsfläche zu einem Viereck (ca. 40 x 40 cm) ausrollen. Mit der restlichen Butter bestreichen. Nougat gleichmäßig darauf verteilen und mit der Teigrolle leicht in den Teig drücken. Den restlichen braunen Zucker mit Zimt mischen. Gleichmäßig auf dem Teig verteilen. Teig einmal zusammenklappen und mit einem Messer quer halbieren, dann die Hälften jeweils in 6 Streifen schneiden. Die Enden der Streifen nehmen und in sich zu ca. 30 cm langen Kordeln drehen. Kordeln zu Kringeln formen, dabei ein Ende von unten und das andere Ende von oben in den Kringel stecken, leicht andrücken.

4 Die Knoten auf ein mit Backpapier belegtes Backblech setzen. Auf der zweiten Schiene von unten ca. 20 Minuten goldbraun backen. Mit Puderzucker bestäuben.

HEFE MAG ES KUSCHELIG Am besten geht Hefe bei einer Temperatur von 32 Grad auf. Wer sichergehen möchte, kann die Milch mit einem Wein- oder Bratenthermometer messen. Richtig gern hat Hefeteig es anschließend in einer warmen Ecke, vor Zugluft geschützt. Mit einem Tuch bedeckt, geht er dann in aller Ruhe.

Klassischer
BIENENSTICH

Woher der Kuchen seinen Namen hat, ist nicht bekannt. Sein Rezept mit Mandelbelag und Puddingcreme-füllung ist aber seit mehr als 500 Jahren überliefert und erfreut sich allergrößter Beliebtheit.

Für 1 Kuchen (12 Stücke)

Für den Teig:

150 ml	**Milch**
½ Würfel	**frische Hefe (21 g)**
80 g	**Zucker**
350 g	**Weizenmehl Type 405**
	+ etwas zum Bearbeiten
1 Prise	**Salz**
1	**Ei (Größe M)**
50 g	**weiche Butter + etwas für die Form**

Für die Füllung:

500 ml	**Milch**
1 Pckg.	**Vanillepuddingpulver (37 g)**
40 g	**Zucker**
125 g	**weiche Butter**
25 g	**Puderzucker**

Für den Belag:

75 g	**Butter**
50 g	**Zucker**
100 g	**Schlagsahne**
150 g	**Mandelblättchen**

Zubereitung: ca. 1 Stunde 20 Minuten
+ 2 Stunden 40 Minuten Ruhe- und Kühlzeit
Utensilien: Springform Ø 26 cm
Pro Stück: ca. 438 kcal, 7 g E, 27 g F, 39 g KH

1 Für den Teig Milch lauwarm erwärmen. Die Hefe zerbröckeln und mit 1 EL Zucker darin auflösen. Zugedeckt 10 Minuten gehen lassen. Mehl, Salz, übrigen Zucker, Ei und Butter mit der Hefemilch zu einem glatten Teig verkneten. Zugedeckt an einem warmen Ort 1 Stunde gehen lassen.

2 Inzwischen für die Füllung 350 ml Milch aufkochen. Übrige Milch mit Puddingpulver und Zucker verquirlen, in die kochende Milch rühren und zu einem Pudding kochen. Sofort in eine Schüssel umfüllen, ein Stück Frischhaltefolie auf die Oberfläche legen und Pudding auskühlen lassen.

3 Den Boden der Springform mit Backpapier auslegen, die Seiten buttern. Teig hineingeben, leicht mit Mehl bestäuben und als Boden darin verteilen. Zugedeckt weitere 15 Minuten gehen lassen. Inzwischen für den Belag Butter schmelzen. Zucker und Sahne hinzufügen und unter Rühren aufkochen. Mandelblättchen dazugeben und alles unter Rühren 2-3 Minuten kochen. Vom Herd nehmen und kurz abkühlen lassen.

4 Die Mandelmasse auf dem Hefeteig verteilen und nochmals zugedeckt 15 Minuten gehen lassen. Den Backofen auf 180 Grad (Umluft 160) vorheizen. Kuchen auf der zweiten Schiene von unten ca. 35 Minuten backen, zum Schluss evtl. mit Alufolie abdecken, damit die Oberfläche nicht zu dunkel wird. Herausnehmen und auf einem Kuchengitter auskühlen lassen. Dann aus der Form lösen und waagerecht halbieren. Die obere Hälfte (mit Mandeltopping) in 12 Stücke schneiden (am besten mit einem elektrischen Messer).

5 Für die Füllung Butter mit Puderzucker hellcremig aufschlagen. Den abgekühlten Pudding löffelweise hinzufügen und unterrühren. Die Creme auf die untere Hälfte streichen, die Tortenstücke mit Mandeltopping darauflegen und den Bienenstich ca. 1 Stunde kühl stellen.

BIENENSTICH GANZ EINFACH ZUBEREITEN UND FÜLLEN. HIER GIBT'S DAS VIDEO ZUM REZEPT:
BIENENSTICH
yumtamtam.de/bienenstich/

Omas
BUTTER-
KUCHEN

**Der Favorit bei fast allen Familien-
festen. Wichtig: Zum Schluss nicht
an der guten Butter sparen!**

• • • • • • • • • • •

Für 1 Kuchen (ca. 20 Stücke)

Für den Teig:

100 g	**Butter**
1	**Vanilleschote**
250 ml	**Milch**
1 Würfel	**frische Hefe**
60 g	**Zucker**
500 g	**Weizenmehl Type 405**
	+ etwas zum Ausrollen
¼ TL	**Salz**

Außerdem:

150 g	**Butter**
150 g	**Zucker**
100 g	**Mandelblättchen**

Zubereitung: ca. 40 Minuten
+ 1 Stunde 10 Minuten Ruhezeit
Utensilien: tiefes Backblech
Pro Stück: ca. 258 kcal, 4 g E, 14 g F, 29 g KH

1 Die Butter in einem Topf bei niedriger Hitze schmelzen und etwas
abkühlen lassen. Vanilleschote längs halbieren, Mark herauskratzen
und beides mit der Milch lauwarm erwärmen. Schote herausnehmen. Hefe
mit 1 EL Zucker verrühren. Mehl in eine Schüssel geben. Hefemischung,
flüssige Butter, Vanillemilch, Zucker und Salz hinzufügen. Alles mit den
Knethaken des Handmixers zu einem glatten Teig verkneten. Teig
zugedeckt an einem warmen Ort 40 Minuten gehen lassen.

2 Ein Backblech mit Backpapier auslegen. Hefeteig auf dem Backblech
ausrollen. Teig zugedeckt weitere 30 Minuten gehen lassen. Den
Backofen auf 200 Grad (Umluft 180) vorheizen.

3 Mit den Fingern oder einem Kochlöffel
kleine Mulden in den Teig drücken.
Butter in Stückchen schneiden und in
die Mulden geben. Gleichmäßig mit
dem Zucker bestreuen. Die Mandeln
darüberstreuen und auf der mittleren
Schiene 15–18 Minuten backen.

Wow!

Für Obstfans: 2–3 EL
Kirschkonfitüre in kleinen
Klecksen auf dem Teig
verteilen, Butter und Zucker
daraufgeben, backen.
Herrlich fruchtig!

Knusprige ORANGEN-WAFFELN

Für zwischendurch: warme Waffeln mit Orangenquark. Der Hagelzucker gibt den Knusper-Kick.

• • • • • • • • • • • •

Für ca. 16 Stück

Für die Waffeln:

1	**Bio-Orange**
100 ml	**Milch**
150 g	**Butter**
350 g	**Weizenmehl Type 405**
1 Pckg.	**Trockenhefe**
1 EL	**Zucker**
2	**Eier (Größe M)**
100 g	**Hagelzucker**

Für den Orangenquark:

1	**Orange**
250 g	**Quark**
2 EL	**Zucker**
1-2 EL	**Amaretto (nach Belieben)**
	Fett für das Waffeleisen

Zubereitung: ca. 30 Minuten + 30 Minuten Ruhezeit

Utensilien: belgisches Waffeleisen

Pro Stück: ca. 225 kcal, 5 g E, 11 g F, 26 g KH

1 Für den Waffelteig die Orange waschen, trocken tupfen und die Schale abreiben. Die Frucht halbieren und auspressen. Milch und Butter erwärmen, bis die Butter geschmolzen ist. Mehl, Hefe, Zucker und Orangenschale in einer Schüssel mischen. Milchmischung, Eier und Orangensaft dazugeben. Alles zu einem zähflüssigen Teig verkneten. Abgedeckt ca. 30 Minuten an einem warmen Ort gehen lassen.

2 Für den Quark die Orange so schälen, dass die weiße Haut ebenfalls entfernt wird. Die Filets zwischen den Trennhäuten herauslösen, Saft dabei auffangen. Filets klein schneiden. Quark, Zucker, aufgefangenen Orangensaft und evtl. Amaretto verrühren. Orangenfilets unterheben.

3 Ein belgisches Waffeleisen vorheizen und fetten. Hagelzucker unter den Hefeteig kneten. Je 1 EL Teig auf eine Seite des Waffeleisens geben, das Waffeleisen verschließen und nacheinander darin insgesamt ca. 16 knusprig braune Waffeln backen. Warm oder abgekühlt mit dem Orangenquark anrichten.

ZWETSCHGEN-KUCHEN *mit Zimtbaiser*

Absolut mustergültig verlässt dieser originelle Entwurf den Backofen. Der klassische Hefeteig zeigt mit seinem süßen Baisergitter, wie vielseitig er ist.

• •

Für 1 Kuchen (ca. 20 Stücke)

Für den Teig:

500 g	**Weizenmehl Type 405**
	+ etwas zum Ausrollen
1 Prise	**Salz**
1 Würfel	**frische Hefe**
50 g	**Zucker**
300 g	**Buttermilch**
75 ml	**Öl + etwas für das Blech**
1 ½ kg	**Zwetschgen**

Für das Baiser:

4	**Eiweiß (Größe M)**
150 g	**Zucker**
2 TL	**Zimt**

———————————

Zubereitung: ca. 50 Minuten
+ 1 Stunde 15 Minuten Ruhezeit
Utensilien: tiefes Backblech,
Spritzbeutel mit Sterntülle Ø 10 mm
Pro Stück: ca. 205 kcal, 5 g E, 5 g F, 36 g KH

1 Mehl und Salz in eine Schüssel geben. Hefe mit 1 EL Zucker flüssig rühren. Flüssige Hefe zum Mehl geben. Restlichen Zucker, Buttermilch und Öl dazugeben. Alles mit den Knethaken des Handmixers zu einem glatten Teig verkneten. Den Teig zugedeckt an einem warmen Ort 1 Stunde gehen lassen.

2 Den Backofen auf 200 Grad (Umluft 180) vorheizen. Ein Backblech mit Öl fetten. Zwetschgen waschen, halbieren und entsteinen. Teig auf dem Blech ausrollen. Zwetschgen mit der offenen Seite nach oben dicht an dicht in den Teig drücken. Nochmals 15 Minuten gehen lassen, dann auf der mittleren Schiene 15 Minuten backen.

3 In der Zwischenzeit die Eiweiße sehr steif schlagen. Zum Schluss Zucker einrieseln lassen und Zimt unterrühren. Masse in einen Spritzbeutel füllen. Kuchen aus dem Ofen nehmen. Mit dem Baiser ein Gitter auf das Obst spritzen. Kuchen weitere 15 Minuten backen. Herausnehmen und auf einem Kuchengitter auskühlen lassen. Lauwarm servieren.

GLÜCKLICH GETRENNT Für das Baiser muss das Eiweiß richtig steif geschlagen sein. Das klappt nur, wenn kein Eigelb darin enthalten ist. So gelingt's: Die Eierschale vorsichtig anschlagen, aufbrechen und das Eiweiß in eine Schüssel laufen lassen. Dabei das Eigelb mit einer Hälfte der Eierschale auffangen. Das Eigelb nun vorsichtig von einer Hälfte in die andere gleiten lassen und das Eiweiß über den Rand der Schale abfließen lassen.

Marzipan-
JOHANNISBEER-KRANZ

Genießer schätzen die schöne Säure der Johannisbeere, obendrein ist ihre leuchtende Farbe einzigartig. Eine Frucht also wie geschaffen für einen Marzipankranz.

• •

Für 1 Kranz (ca. 12 Stücke)

500 g	**Weizenmehl Type 405**
	+ etwas zum Arbeiten
100 g	**Zucker**
2	**Bio-Zitronen**
1	**Prise Salz**
½ Würfel	**frische Hefe**
200 ml	**lauwarme Milch**
2	**Eier (Größe M)**
100 g	**weiche Butter**
300 g	**Marzipanrohmasse**
200 g	**Johannisbeerkonfitüre**
300 g	**rote Johannisbeeren**
70 g	**gehobelte Mandeln**

Zubereitung: ca. 1 Stunde 10 Minuten

+ 55 Minuten Ruhezeit

Utensilien: Backblech

Pro Stück: ca. 455 kcal, 10 g E, 11 g F, 78 g KH

1 Mehl, 90 g Zucker, abgeriebene Schale von 1 Zitrone und Salz in eine Rührschüssel geben. Hefe in die lauwarme Milch hineinbröckeln, 1 EL Zucker darüberstreuen und verrühren, bis sich die Hefe aufgelöst hat. Hefemilch, 1 Ei und die weiche Butter zum Mehlgemisch geben und mit den Knethaken des Handmixers 3 Minuten verkneten. Teig mit einem Küchentuch abdecken und an einem warmen Ort ca. 35 Minuten gehen lassen.

2 Die Schale der zweiten Zitrone abreiben. Marzipan reiben, mit Zitronenschale und Konfitüre mischen. Die Johannisbeeren waschen und abtropfen lassen. Die Beeren mithilfe einer Gabel von den Rispen streifen.

3 Den Hefeteig auf einer bemehlten Arbeitsfläche gründlich kneten. Ist er zu klebrig, weitere 3-5 EL Mehl unterkneten. Den Teig dann zu einem Rechteck (ca. 50 x 30 cm) ausrollen. Marzipanmasse auf dem Teig ausbreiten, darauf die Johannisbeeren verteilen. Dabei rundherum ca. 1 cm Rand frei lassen. Teig der Länge nach aufrollen. Die Rolle mit einem Messer der Länge nach mittig aufschneiden. Beide Teigstränge übereinanderschlagen und zu einem Kranz formen, die Enden jeweils unterlegen. Vorsichtig auf ein mit Backpapier belegtes Backblech geben. Übriges Ei mit 1 EL Milch verrühren. Kranz damit bepinseln und mit Mandelblättchen bestreuen. Nochmals 20 Minuten gehen lassen.

4 Backofen auf 170 Grad (Umluft 150) vorheizen. Den Kranz auf der unteren Schiene 45-50 Minuten backen. Nach 30 Minuten evtl. mit Backpapier (oder Alufolie) abdecken, damit er nicht zu dunkel wird.

Wow!

Für noch mehr Knusper:
100 g ganze Mandeln in einer
Pfanne ohne Fett rösten und
mit 2 EL Zucker karamellisieren. Mandeln abkühlen lassen,
grob hacken und auf
die Beeren streuen.

Gefüllte
BRIOCHE-DRILLINGE

Als Teegebäck sind sie kaum zu übertreffen. Warum? Der lockere Hefeteig lässt die Konfitüre-füllung schön zur Geltung kommen. Einen Klacks Butter dazu, und die Schwärmerei beginnt.

• •

Für 10 Stück

100 ml	**Milch**
15 g	**frische Hefe**
35 g	**Zucker**
350 g	**Weizenmehl Type 405**
1 Prise	**Salz**
70 g	**weiche Butter**
	+ etwas für die Förmchen
2	**Eier (Größe M)**
100 g	**Aprikosenkonfitüre**
	(ohne Fruchtstücke)

Zubereitung: ca. 1 Stunde
+ 1 Stunde 30 Minuten Ruhezeit
Utensilien: 10 Brioche-Förmchen Ø 8 cm
oder 1 Muffinblech
Pro Stück: ca. 235 kcal, 6 g E, 8 g F, 35 g KH

1 Zuerst 80 ml Milch erwärmen. Hefe und 1 TL Zucker dazugeben und darin auflösen. Ca. 15 Minuten zugedeckt gehen lassen. Mehl, restlichen Zucker und Salz in einer Schüssel mischen. Hefemilch, Butter und Eier hinzufügen und alles zu einem glatten Teig verkneten. An einem warmen Ort zugedeckt ca. 1 Stunde gehen lassen.

2 Backofen auf 200 Grad (Umluft 180) vorheizen. Förmchen fetten. Teig ohne weiteres Kneten in 10 Portionen teilen. Jede Portion dritteln und zunächst zu Kugeln formen. Diese in der Hand zu flachen Talern (Ø ca. 6 cm) drücken. Jeweils etwas Konfitüre in die Mitte geben, Teig über der Füllung schließen und erneut zu Kugeln formen.

3 Je drei gefüllte Teigkugeln nebeneinander in ein Förmchen setzen und nochmals zugedeckt ca. 15 Minuten gehen lassen. Mit 2 EL Milch bepinseln und auf der mittleren Schiene für 12-15 Minuten goldbraun backen. Etwas abkühlen lassen und aus den Förmchen lösen. Lauwarm oder kalt servieren.

VARIANTE
Nougat-Drillinge
Die Drillinge lassen sich auch ganz einfach mit Nougat statt Konfitüre zubereiten: 50 g schnittfeste Nougatmasse in 30 kleine Stückchen schneiden. Jeweils 1 Stück in die Mitte der Teigtaler geben und weiter nach Rezept zubereiten.

ZUM FRÜHSTÜCK UND FÜR FEIERTAGE – AUCH DIESEN KLASSIKER SOLLTEN SIE SICH NICHT ENTGEHEN LASSEN:
OSTER-BRIOCHE
edeka.de/oster-brioche

HEFEZOPF *mit Heidelbeeren*

Sie denken über ein echtes Highlight für die Frühstückstafel nach? Willkommen in der Zopfmanufaktur! Wundern Sie sich aber bitte nicht, wenn Sie aufgefordert werden, ihn in Serie zu produzieren.

• •

Für 1 Zopf (ca. 20 Stücke)

Für den Teig:

500 g	**Weizenmehl Type 405** + etwas zum Ausrollen
½ TL	**Salz**
30 g	**frische Hefe**
50 g	**Zucker**
220 ml	**lauwarme Milch**
80 g	**weiche Butter**
1	**Ei (Größe M)**

Für die Füllung:

300 g	**Marzipanrohmasse**
60 g	**Heidelbeerfruchtaufstrich**
30 g	**Mandelblättchen**
1	**Eigelb (Größe M)**
100 g	**Puderzucker**

Zubereitung: ca. 1 Stunde 10 Minuten
+ 1 Stunde 40 Minuten Ruhezeit

Utensilien: Backblech

Pro Stück: ca. 415 kcal, 9 g E, 15 g F, 62 g KH

1 Mehl mit Salz mischen und in eine Schüssel geben. In die Mitte eine Mulde drücken. Hefe zerbröseln und mit 1 TL Zucker in 100 ml Milch auflösen. Das Gemisch in die Mulde gießen. Mit etwas Mehl bestäuben und 10 Minuten gehen lassen. Die restliche Milch mit dem übrigen Zucker, Butter und Ei zugeben. Mit den Knethaken des Handmixers zu einem glatten Teig verkneten. Zugedeckt 1 Stunde an einem warmen Ort gehen lassen.

2 In der Zwischenzeit Marzipan mit dem Heidelbeeraufstrich glatt rühren. Mandelblättchen in einer Pfanne ohne Fett rösten, herausnehmen und abkühlen lassen.

3 Teig auf einer bemehlten Arbeitsfläche gut durchkneten und in 3 Portionen teilen. Nacheinander zu Streifen von ca. 40 x 15 cm ausrollen. Jeweils mit einem Drittel der Marzipanfüllung bestreichen, dabei rundherum ca. 2 cm Rand frei lassen. Von der Längsseite her eng aufrollen. Teigstränge zu einem Zopf flechten. Die Enden zusammendrücken und unter den Zopf klappen. Auf ein mit Backpapier belegtes Backblech setzen. Abgedeckt 30 Minuten gehen lassen. Den Backofen auf 180 Grad (Umluft 160) vorheizen.

4 Das Eigelb mit 1 EL Wasser verquirlen, den Zopf damit bestreichen und auf der zweiten Schiene von unten 40-45 Minuten goldbraun backen. Auf einem Kuchengitter auskühlen lassen. Puderzucker mit 1-2 EL Wasser zu einem zähflüssigen Guss verrühren und den Zopf damit bestreichen. Mit den Mandelblättchen bestreuen und trocknen lassen.

YUM TAM TAM
ÜBER DIESEN HEFEZOPF FREUEN SICH KLEINE NASCHKATZEN BESONDERS:
BUNTER HEFEZOPF
yumtamtam.de/hefezopf/

Wow!

Die Norweger wissen, was schmeckt: Bei ihnen kommt zusätzlich gemahlener Kardamom in den Teig der Zimtschnecken. Das Öl der Samenkapseln macht sie noch würziger und hat eine süßlich-scharfe Note.

ZIMTSCHNECKEN-KUCHEN *mit Zuckerguss*

Eine schöne Idee, alle in einer Springform zu versammeln und mit einer genial einfachen Glasur zu veredeln. Mit diesen Schnecken werden Ihre Gäste einen Schnelligkeitsrekord im Verputzen aufstellen.

• •

Für 1 Kuchen (ca. 12 Stücke)

Für den Teig:

500 g	**Weizenmehl Type 405** **+ etwas zum Ausrollen**
1 Pckg.	**Trockenhefe**
80 g	**Zucker**
½ TL	**Salz**
200 ml	**Milch**
80 g	**Butter + etwas für die Form**
1	**Ei (Größe M)**
etwas	**Pflanzenöl**

Für die Füllung:

75 g	**Rohrzucker**
2 EL	**Zimt**
50 g	**weiche Butter**

Für die Glasur:

60 g	**Frischkäse**
30 g	**weiche Butter**
125 g	**Puderzucker**
1	**Vanilleschote (Mark)**
etwas	**Milch**

Zubereitung: ca. 1 Stunde
+ 1 Stunde 30 Minuten Ruhezeit
Utensilien: Springform Ø 26 cm
Pro Stück: ca. 370 kcal, 6 g E, 14 g F, 55 g KH

1 Mehl, Hefe, Zucker und Salz in einer großen Rührschüssel gut vermengen. Milch lauwarm erwärmen, Butter darin schmelzen lassen. Milchmischung zu den trockenen Zutaten geben und grob verkneten. Das Ei hinzufügen und alles mit dem Handmixer zu einem geschmeidigen Teig kneten. Falls der Teig noch zu sehr klebt, etwas Mehl hinzugeben. Eine neue Rührschüssel mit Öl ausstreichen, Teig hineingeben und 1 Stunde zugedeckt an einem warmen Ort gehen lassen.

2 Teig auf einer bemehlten Arbeitsfläche gut verkneten und zu einem Rechteck (ca. 40 x 45 cm) ausrollen. Für die Füllung Zucker mit Zimt mischen. Die Butter auf den Teig verteilen, dann mit Zimt-Zucker bestreuen, dabei am oberen Rand ca. 2 cm frei lassen. Den Teig auf der langen Seite von unten nach oben aufrollen. Enden abschneiden und die Rolle in 12 Stücke schneiden.

3 Die Springform fetten und die Zimtschnecken mit etwas Abstand hineinsetzen (am besten 3 Stück in die Mitte und 9 Stück im Kreis darum herum angeordnet). Zimtschnecken abgedeckt nochmals für 30 Minuten gehen lassen. Backofen auf 180 Grad (Umluft 160) vorheizen. Kuchen auf der mittleren Schiene ca. 25 Minuten backen, dann auf einem Kuchengitter etwas abkühlen lassen.

4 Für die Glasur Frischkäse, Butter, Puderzucker und das Mark der Vanilleschote verrühren. Evtl. noch etwas Milch zum Verdünnen unterrühren. Glasur mit einem Löffel auf den lauwarmen Zimtschnecken verteilen.

Was für Hochstapler

TORTEN & ANDERE BACKWERKE

Schicht für Schicht ein Gedicht! Die folgenden
Köstlichkeiten sind im Handumdrehen gemacht.
Versprochen! Jetzt müssen Sie nur noch überlegen,
ob Sie Lust auf Kirschen, Stachelbeeren oder
eventuell Eierlikör haben.

Schwarzwälder
KIRSCHTORTE

Die Früchte für diese aparte Torte können Sie ganzjährig ernten, denn die Kirschen stammen aus dem Glas. Die luftig-lichte Sahne-Ummantelung lässt den dunklen Boden durchblicken.

• •

Für 1 Torte (ca. 12 Stücke)

Für den Teig:

90 g	**Butter + etwas für die Form**
150 g	**Weizenmehl Type 405 + etwas für die Form**
100 g	**Zartbitterschokolade (72 % Kakaoanteil)**
6	**Eier (Größe M)**
1 Prise	**Salz**
180 g	**Zucker**
½ TL	**Backpulver**

Für die Füllung:

1 Glas	**Schattenmorellen (370 g Abtropfgewicht)**
2 EL	**Speisestärke**
2 EL	**Zucker**
2 EL	**Kirschwasser (nach Belieben)**
700 g	**Schlagsahne**
2 Pckg.	**Bourbon-Vanillezucker**
2 Pckg.	**Sahnesteif**
60 g	**Zartbitter-Schokoraspel**

Zubereitung: ca. 1 Stunde
+ 2 Stunden Kühlzeit

Utensilien: Springform Ø 26 cm

Pro Stück: ca. 504 kcal, 7 g E, 32 g F, 45 g KH

1 Backofen auf 180 Grad (Umluft 160) vorheizen. Den Boden der Springform mit Backpapier auslegen, Rand buttern und mehlen. Schokolade in Stücke brechen und mit der Butter in einem kleinen Topf unter Rühren schmelzen. Etwas abkühlen lassen. Eier trennen. Eiweiße mit Salz steif schlagen. Eigelbe und Zucker hellcremig rühren. Mehl und Backpulver mischen und auf die Eimasse sieben. Schokomischung hinzufügen und zusammen unterrühren. Eischnee portionsweise unterheben.

2 Die Masse in die Form geben und auf der mittleren Schiene 30-35 Minuten backen. Dann herausnehmen und den Rand der Form vorsichtig lösen, Biskuit auf ein Kuchengitter stürzen und auskühlen lassen.

3 Für die Füllung Kirschen abgießen, Saft dabei auffangen. 4 EL Saft und Stärke glatt rühren. Restlichen Saft und Zucker aufkochen, angerührte Stärke dazugeben und unter Rühren 2-3 Minuten köcheln. Kirschen und evtl. Kirschwasser hinzufügen und unter gelegentlichem Rühren erkalten lassen.

4 Die Schlagsahne mit Vanillezucker und Sahnesteif steif schlagen. Ca. 50 g Schokoraspel unterheben. Biskuit zweimal durchschneiden. Den unteren Boden mit einem Drittel der Schokosahne bestreichen. Etwa ein Drittel der Kirschen darauf verteilen. Mit dem zweiten Boden belegen, je ein weiteres Drittel Sahne und Kirschen darauf verteilen. Den dritten Boden auflegen. Torte rundum mit restlicher Sahne einstreichen. Mit übrigen Kirschen und Schokoraspeln verzieren.

GUTER SCHNITT Damit die Böden gleichmäßig dick werden, den Tortenrand mit einem kleinen spitzen Messer ringsherum 1 cm tief einschneiden. Dann mit einem langen Messer den Boden durchschneiden - dabei das Messer waagerecht halten. Um die Böden voneinander zu trennen, den Formboden oder Backpapier zwischen die einzelnen Böden schieben.

MARZIPAN-NUSSTORTE *mit Pflaumen*

Wenn sich beim Schlemmen die Geschmacksnoten von Schokolade, Marzipan und Haselnuss verbinden und sich dann ein Stückchen Pflaume dazugesellt, sind Sie im Torten-Olymp angelangt.

• •

Für 1 Torte (ca. 12 Stücke)

Für den Teig:

100 g	**weiche Butter + etwas für die Form**
100 g	**Zartbitterschokolade (72 % Kakaoanteil)**
3	**Eier (Größe M)**
1 Prise	**Salz**
100 g	**Zucker**
150 g	**Weizenmehl Type 405**
1 TL	**Backpulver**
2 EL	**Rum (nach Belieben)**

Für die Füllung:

4-5	**rote reife Pflaumen (ca. 400 g)**
40 g	**Zucker**
1 Pckg.	**Bourbon-Vanillezucker**
400 g	**Schlagsahne**
50 g	**gemahlene Haselnüsse**

Außerdem:

1	**Marzipandecke, fertig ausgerollt (300 g)**
25 g	**Zartbitter-Couverture**
2 EL	**Haselnusskrokant**

Zubereitung: ca. 1 Stunde
+ 2 Stunden 30 Minuten Kühlzeit
Utensilien: Springform Ø 26 cm
Pro Stück: ca. 525 kcal, 8 g E, 33 g F, 48 g KH

1 Backofen auf 180 Grad (Umluft 160) vorheizen. Den Boden der Springform mit Backpapier auslegen, den Rand buttern. Für den Teig die Schokolade fein reiben. Eier trennen. Eiweiße mit Salz sehr steif schlagen und kalt stellen. Butter und Zucker weißcremig rühren. Eigelbe nacheinander jeweils 20 Sekunden lang unterrühren. Mehl und Backpulver mischen. Evtl. mit Rum und einem Drittel vom Eischnee unterrühren. Restlichen Eischnee und Schokolade unterheben. Teig in die Form geben, glatt streichen und auf der mittleren Schiene ca. 20 Minuten backen. Boden in der Form ca. 30 Minuten abkühlen lassen. Dann aus der Form lösen und vollständig erkalten lassen.

2 Für die Füllung die Pflaumen waschen, halbieren und in Spalten schneiden. Zucker und Vanillezucker mischen. Schlagsahne steif schlagen. Zum Schluss die Zuckermischung unter Rühren einrieseln lassen. Haselnüsse unterziehen.

3 Die Pflaumen auf dem Schokoboden verteilen, dabei einen ca. 2 cm breiten Rand frei lassen. Nuss-Sahne auf dem Kuchen und am Kuchenrand verteilen und glatt streichen. Torte ca. 1 Stunde kalt stellen. Dann die Marzipandecke abrollen und über die Torte legen, leicht andrücken und überstehende Ränder abschneiden. Die Couverture hacken, im heißen Wasserbad schmelzen und mit einem Löffel oder einer Gabel als lange Fäden über die Marzipantorte ziehen. Mit Krokant bestreuen. Vor dem Servieren mindestens 1 weitere Stunde kalt stellen.

MÖHREN-TORTE *mit Mascarponecreme*

Wir wissen nicht, ob die Väter der Schweizer Rüeblitorte bei dieser kühnen Variation ihre Neutralität wahren können. Wir wissen nur, dass sie unwiderstehlich ist.

• •

Für 1 Torte (ca. 12 Stücke)

Für den Teig:

300 g	**weiche Butter + etwas für die Form**
700 g	**Möhren**
2 EL	**Zitronensaft**
240 g	**Zucker**
4	**Eier (Größe M)**
400 g	**Dinkelmehl Type 630**
4 TL	**Backpulver**
1 Prise	**Salz**
¼ TL	**Kurkuma (gemahlen)**
60 g	**gemahlene Mandeln**
2 TL	**abgeriebene Bio-Zitronenschale**
100 ml	**Milch**

Für die Creme:

300 g	**Schlagsahne**
2 Pckg.	**Sahnesteif**
30 g	**Zucker**
2 Pckg.	**Vanillezucker**
2 TL	**abgeriebene Bio-Zitronenschale**
3 EL	**Zitronensaft**
500 g	**Mascarpone**
50 g	**Vollmilchschokolade**

Zubereitung: ca. 1 Stunde 20 Minuten
+ 1 Stunde Kühlzeit
Utensilien: 2 Springformen Ø 18 cm
Pro Stück: ca. 760 kcal, 12 g E, 55 g F, 54 g KH

1 Backofen auf 180 Grad (Umluft 160) vorheizen. Springformböden mit Backpapier auslegen. Die Ränder fetten. Möhren schälen und grob raspeln. 500 g abwiegen, mit dem Zitronensaft mischen und zur Seite stellen.

2 In der Küchenmaschine oder mit dem Handmixer die Butter mit dem Zucker 5 Minuten sehr cremig schlagen. Eier nacheinander gut unterrühren. Möhren zugeben und kurz unterheben. Mehl mit Backpulver, Salz, Kurkuma, Mandeln und Zitronenschale mischen. Anschließend die Mehlmischung und die Milch unter die Eiermasse rühren.

3 Den Teig auf die Backformen verteilen und glatt streichen. Auf der zweiten Schiene von unten ca. 40 Minuten backen. 10 Minuten auskühlen lassen. Aus den Formen lösen und auf einem Kuchengitter auskühlen lassen. Jeden Boden mit einem Messer einmal waagerecht halbieren.

4 Für die Creme die Schlagsahne mit Sahnesteif, Zucker und Vanillezucker steif schlagen. Zitronenschale und -saft mit Mascarpone glatt rühren. Schlagsahne portionsweise unterrühren. Je etwa ein Fünftel der Creme gleichmäßig auf jeden Boden streichen. Die Böden aufeinandersetzen. Restliche Creme rundherum um die Torte verteilen und glatt streichen. Mit einem Messer Späne aus der Schokolade schaben und auf die Torte streuen. Ca. 1 Stunde kalt stellen.

NACHEINANDER KLAPPT ES AUCH Nicht immer gibt es zwei Formen derselben Größe zuhause. Kein Problem: Form zwischendurch säubern und Böden nacheinander backen.

Omas KÄSEKUCHEN

Die vollkommene Hingabe von Großmüttern steckt in diesem cremigen Rezept-Klassiker. Einzig an der Verzierung haben wir noch gearbeitet.

• •

Für 1 Kuchen (ca. 16 Stücke)

Für den Teig:

100 g	**kalte Butter + etwas für die Form**
250 g	**Weizenmehl Type 405**
1 TL	**Backpulver**
60 g	**Zucker**
1 Prise	**Salz**
1	**Ei (Größe M)**
	Hülsenfrüchte zum Blindbacken

Für die Füllung:

1	**Bio-Zitrone**
150 g	**weiche Butter**
150 g	**Zucker**
1 Prise	**Salz**
4	**Eier (Größe M)**
1 kg	**Quark**
1 Pckg.	**Vanillepuddingpulver**

Außerdem:

250 g	**Schmand**
1 Pckg.	**Bourbon-Vanillezucker**
30 g	**Zucker**
200 g	**Heidelbeeren**
2 EL	**Heidelbeerkonfitüre**
	Zitronenmelisse zum Garnieren

Zubereitung: ca. 1 Stunde 40 Minuten
+ 1 Stunde 30 Minuten Kühlzeit
Utensilien: Springform Ø 26 cm
Pro Stück: ca. 355 kcal, 13 g E, 19 g F, 31 g KH

1 Die Butter würfeln und mit den übrigen Zutaten rasch zu einem glatten Teig verkneten, bei Bedarf 1-2 EL kaltes Wasser zugeben. Springformboden fetten. Den Teig ausrollen, in die Springform legen und festdrücken, dabei einen ca. 5 cm hohen Rand formen. Boden mehrmals mit einer Gabel einstechen und ca. 30 Minuten kühl stellen.

2 Backofen auf 200 Grad (Umluft 180) vorheizen. Boden mit Backpapier belegen, mit Hülsenfrüchten beschweren und auf der mittleren Schiene 10 Minuten vorbacken. Papier und Hülsenfrüchte entfernen, weitere 5 Minuten backen.

3 Inzwischen für die Füllung die Zitrone heiß waschen, die Schale fein abreiben und die halbe Frucht auspressen. Butter, Zucker und Salz cremig schlagen. Die Eier trennen. Eigelbe mit Quark, Zitronenschale und -saft unter die Buttermasse rühren. Das Puddingpulver kurz unterrühren. Eiweiße steif schlagen und in 2 Portionen unterheben.

4 Den Boden aus dem Ofen nehmen, die Ofentemperatur auf 180 Grad (Umluft 160) reduzieren. Die Quarkmasse auf den Boden geben und glatt streichen. Den Kuchen auf der zweiten Schiene von unten ca. 50 Minuten backen. Ofen ausschalten und Kuchen darin 10 Minuten ruhen lassen. Dann auf einem Kuchengitter auskühlen lassen.

5 Schmand mit Vanillezucker und Zucker verrühren. Kuchen aus der Form lösen und Schmand daraufgeben. 1 Stunde kühl stellen. Heidelbeeren waschen und trocken tupfen. Die Konfitüre unter Rühren leicht erwärmen, bis sie flüssiger wird. Beeren unterheben. Auf dem Käsekuchen verteilen und mit Zitronenmelisse garnieren.

IN FORM Damit er nach dem Backen nicht zusammenfällt oder stark reißt, den Käsekuchen langsam abkühlen lassen. Bevor er aus dem Ofen kommt, einmal mit dem Messer am Rand entlangschneiden und den Kuchen im abgeschalteten, leicht geöffneten Ofen 10 Minuten bis 1 Stunde abkühlen lassen.

Wow!

Darf's ein Schlückchen mehr sein? Amaretto harmoniert super mit Erdbeeren. Einfach nach Geschmack 2–3 EL mit dem Erdbeeraufstrich unter die Schlagsahne rühren.

ERDBEER-
TORTE *mit Sahnetupfen*

Rosarote Poesie kann sich durchaus in einem Kuchen ausdrücken. Da Erdbeeren von Natur aus ein romantischer Ruf vorauseilt, wird Ihnen dieses leichte Rezept-Gedicht schnell von der Hand gehen.

• •

Für 1 Torte (ca. 16 Stücke)

750 g	**Erdbeeren**
125 g	**Gelierzucker (ohne Kochen)**
1	**Wiener Boden (fertig gekauft, bestehend aus 3 Teilen)**
800 g	**Schlagsahne**
4 Pckg.	**Sahnesteif**
	rote Speisefarbe (nach Belieben)
1 TL	**Puderzucker**
	evtl. etwas Milch

Zubereitung: ca. 50 Minuten
+ 1 Stunde 30 Minuten Kühlzeit

Utensilien: verstellbarer Tortenring,
Spritzbeutel mit Lochtülle

Pro Stück: ca. 287 kcal, 3 g E, 17 g F, 30 g KH

1 Die Erdbeeren putzen. Aus 250 g Erdbeeren mit Gelierzucker nach Packungsanweisung einen Aufstrich zubereiten. Kalt stellen. Die Hälfte der restlichen Erdbeeren in Scheiben schneiden.

2 Unteren Boden auf einen Tortenteller legen. Mit einem Tortenring umschließen. Mit 1-2 EL Erdbeeraufstrich bestreichen und mit Erdbeerscheiben belegen.

3 Dann 550 g Schlagsahne mit 3 Päckchen Sahnesteif steif schlagen. 200 g Erdbeeraufstrich unterrühren (evtl. mit roter Speisefarbe nachfärben). Ein Drittel der Creme auf die Erdbeerscheiben geben und glatt streichen. Mit dem zweiten Boden bedecken. Die Hälfte der restlichen Sahnecreme aufstreichen. Mit dem dritten Boden bedecken. Wiederum die Hälfte der verbliebenen Creme aufstreichen. Torte und übrige Creme 1 Stunde kühlen.

4 Torte mit einem Messer vom Tortenring lösen. Restcreme glatt rühren. Tortenrand einstreichen. 250 g Schlagsahne mit Puderzucker und 1 Päckchen Sahnesteif steif schlagen. 3-4 gehäufte Esslöffel der Masse in einen Spritzbeutel mit Lochtülle füllen.

5 Am Tortenrand entlang rundherum etwas mehr als haselnussgroße Tupfen spritzen. Tupfen nacheinander mit einem Teelöffel zur Tortenmitte glatt streichen. Tipp: Löffel zwischendurch abwischen und in Wasser tauchen.

6 100 g Erdbeeraufstrich zur restlichen Creme geben und mit dem Handmixer auf niedriger Stufe unterrühren (evtl. mit roter Speisefarbe nachfärben). Ist die Creme zu fest, etwas Milch unterrühren, bis die Konsistenz so ist, dass glatte Tupfen gespritzt werden können. Creme in den Spritzbeutel füllen und die zweite Reihe Tupfen spritzen und verstreichen. Die restlichen Erdbeeren in Scheiben schneiden und die Tortenmitte damit dekorieren. Torte ca. 30 Minuten kühlen, dann servieren.

EIERLIKÖR-TORTE *mit Kirschen*

Diese kleine Diva ist mit Kirschen und Likör aufgerüscht und dabei im Umgang herrlich unkompliziert. Denkt man gar nicht, wenn sie so mit leichtem Schwips auf der Tortenplatte liegt.

• •

Für 1 Torte (ca. 12 Stücke)

Für den Teig:

6	**Eier (Größe M)**
150 g	**Zucker**
125 g	**Weizenmehl Type 405**
50 g	**Speisestärke**
1 TL	**Backpulver**
25 g	**Backkakao**
1 TL	**Zimt**
50 g	**Zartbitterschokolade** (gehackt, 72 % Kakaoanteil)

Für die Füllung:

200 g	**Mascarpone**
125 ml	**Eierlikör**
50 g	**Puderzucker**
600 g	**Schlagsahne**
2 Pckg.	**Sahnesteif**
250 g	**Kirschkonfitüre**

Zum Dekorieren:

2–3 EL	**Eierlikör**
	frische Kirschen

Zubereitung: ca. 1 Stunde 20 Minuten
+ 2 Stunden Kühlzeit
Utensilien: Springform Ø 26 cm
Pro Stück: ca. 501 kcal, 7 g E, 28 g F, 52 g KH

1 Backofen auf 180 Grad (Umluft 160) vorheizen. Boden der Springform mit Backpapier belegen. Für den Teig die Eier in einer Rührschüssel 1 Minute mit den Quirlen des Handmixers auf höchster Stufe schaumig schlagen. Zucker unter Rühren einstreuen und die Masse weitere 2 Minuten schlagen. Mehl mit Speisestärke, Backpulver, Kakao, Zimt und Schokolade mischen und unterrühren. Teig in der Form glatt streichen.

2 Boden ca. 30 Minuten im unteren Ofendrittel backen. Herausnehmen, Springformrand lösen und entfernen. Boden auf einen mit Backpapier belegten Kuchenrost stürzen und vollständig erkalten lassen. Dann den Biskuitboden zweimal waagerecht durchschneiden.

3 Für die Füllung Mascarpone mit Eierlikör und Puderzucker verrühren. Die Schlagsahne mit Sahnesteif steif schlagen. Eierlikörcreme kurz unterrühren. Den unteren Boden mit der Hälfte der Kirschkonfitüre bestreichen. Ein Drittel der Eierlikörsahne locker darauf verteilen. Den zweiten Boden auflegen und mit der übrigen Kirschkonfitüre bedecken. Ein weiteres Drittel der Eierlikörsahne darauf verteilen. Den letzten Boden auflegen und locker mit der restlichen Eierlikörsahne bestreichen.

4 Die Torte für ca. 2 Stunden in den Kühlschrank stellen. Die Kirschen waschen und dekorativ auf der Torte verteilen. Mit Eierlikör beträufeln und servieren.

Aha! Wussten Sie eigentlich, dass man Kuchen, der nicht mit Fondant oder Marzipan umhüllt oder mit Creme eingestrichen ist, „Naked Cake" nennt? Das bedeutet so viel wie „nackter Kuchen", denn bei ihm sind die einzelnen Böden und die Füllung zu sehen.

NEW YORK CHEESE-CAKE *mit Johannisbeeren*

Woran erkennt man das Original? Der Boden aus Kekskrümeln ist ein Merkmal, mit Schmand angereicherter Doppelrahmfrischkäse ein weiteres. Eine Kombination, die unverkennbar lecker ist!

· ·

Für 1 Kuchen (ca. 16 Stücke)

100 g	**Butter**
200 g	**Butterkekse**
750 g	**Doppelrahmfrischkäse**
300 g	**Schmand**
200 g	**Puderzucker**
3	**Eier (Größe M)**
3 EL	**Zitronensaft**
100 g	**rote Johannisbeeren**
1 EL	**Zucker**

Zubereitung: ca. 1 Stunde 30 Minuten
+ 13 Stunden Kühlzeit
Utensilien: eckige Springform ca. 23 x 23 cm
Pro Stück: ca. 375 kcal, 8 g E, 27 g F, 25 g KH

1 Den Backofen auf 180 Grad (Umluft 160) vorheizen. Den Boden der Springform mit Backpapier auslegen. Die Butter schmelzen, leicht abkühlen lassen. Butterkekse im Blitzhacker fein mahlen und mit der Butter vermengen. Krümelmasse in die Springform geben und mit einem Löffel gut festdrücken. Boden auf der mittleren Schiene 10 Minuten vorbacken. Dann herausnehmen, Ofentemperatur auf 160 Grad (Umluft 140) reduzieren und Boden einige Minuten abkühlen lassen.

2 Inzwischen Frischkäse, Schmand, Puderzucker, Eier und Zitronensaft glatt rühren. Creme vorsichtig auf den Krümelboden geben und den Cheesecake auf der zweiten Schiene von unten 50-60 Minuten backen. Ofen ausschalten und Kuchen darin 1 Stunde abkühlen lassen. Herausnehmen und mit einem spitzen Messer vorsichtig zwischen dem Rand der Form und der Creme entlangfahren. Kuchen ganz auskühlen lassen, dann zugedeckt über Nacht kühl stellen.

3 Vor dem Servieren Johannisbeeren waschen, trocken tupfen und im Zucker wenden. Cheesecake aus der Form lösen und mit Johannisbeeren garnieren.

CHEESECAKE MIT WEIßER SCHOKOLADE GEFÄLLIG? DANN SCHNAPPEN SIE SICH DIESES EXEMPLAR HIER:
CHEESECAKE MIT BEEREN, WEIßER SCHOKOLADE UND MINZE
edeka.de/cheesecake

Russischer ZUPFKUCHEN

Wenn sich zwei Spitzenreiter wie Käse- und Schokoladenkuchen zusammentun, spricht man von einem Erfolgsrezept. Die Extraportion Schmand in der Füllung macht es noch verführerischer.

• •

Für 1 Kuchen (ca. 12 Stücke)

Für den Teig:

300 g	**Weizenmehl Type 405**
	+ etwas zum Ausrollen
150 g	**Zucker**
40 g	**Backkakao**
2 TL	**Backpulver**
1 Prise	**Salz**
200 g	**Butter**
1	**Ei (Größe M)**

Für die Füllung:

125 g	**Butter**
500 g	**Quark**
200 g	**Schmand**
100 g	**Zucker**
1 Pckg.	**Vanillepuddingpulver**
3	**Eier (Größe M)**
1 TL	**abgeriebene Bio-Zitronenschale**
1 EL	**Zitronensaft**
1	**Vanilleschote (Mark)**
	Schlagsahne (nach Belieben)

Zubereitung: ca. 1 Stunde 30 Minuten
+ 30 Minuten Kühlzeit
Utensilien: Springform Ø 26 cm
Pro Stück: ca. 487 kcal, 12 g E, 29 g F, 42 g KH

1 Für den Teig Mehl, Zucker, Kakao, Backpulver und Salz in einer Schüssel mischen. Butter in Würfel schneiden, mit dem Ei zur Mehlmischung geben. Alles mit den Knethaken des Handmixers zu einem glatten Teig verkneten. Den Teig in Folie wickeln und 30 Minuten kalt stellen.

2 Backofen auf 180 Grad (Umluft 160) vorheizen. Den Boden der Springform mit Backpapier auslegen. Ein Viertel vom Mürbeteig abnehmen. Übrigen Teig auf einer leicht bemehlten Arbeitsfläche dünn (etwas größer als die Form) ausrollen. Teig in die Springform legen und am Rand hochdrücken.

3 Für die Füllung die Butter schmelzen und etwas abkühlen lassen. Quark mit Schmand, Zucker, Puddingpulver, Eiern, Zitronenschale, -saft und dem Mark der Vanilleschote verrühren. Nun die Butter unterrühren. Quarkfüllung in der Form verteilen.

4 Den restlichen Teig in Stücke zupfen, flach drücken und darauf verteilen. Den Kuchen auf der zweiten Schiene von unten ca. 55 Minuten backen, aus dem Ofen nehmen und in der Form auf einem Kuchengitter auskühlen lassen. Nach Belieben mit steif geschlagener Sahne servieren.

VARIANTE

Russischer Zupfkuchen mit Schwips

Mit 2 EL Rum oder Orangenlikör bekommt der Kuchen eine besondere Note. Einfach unter die Quarkmasse rühren und wie im Rezept oben weiter verfahren.

WIE KOMMEN DIE FLECKEN AUF DEN KUCHEN?
DIESES VIDEO ZEIGT, WIE'S GEHT:
RUSSISCHER ZUPFKUCHEN ▶
edeka.de/zupfkuchen

Exotischer MAULWURFSHÜGEL

Wenn kleine oder große Genießer mit der Kuchengabel zum Kern ihrer „Grabung" vorstoßen, erleben sie eine fruchtige Überraschung.

· ·

Für 1 Torte (ca. 12 Stücke)

Für den Teig:

4	**Eier (Größe M)**
125 g	**Butter**
125 g	**Rohrohrzucker**
1 Prise	**Salz**
100 g	**Weizenmehl Type 405**
1 TL	**Backkakao**
3 TL	**Backpulver**
100 g	**gemahlene Haselnüsse**
50 g	**Zartbitter-Raspelschokolade**

Für die Füllung:

1	**große Mango**
500 g	**Schlagsahne**
2 Pckg.	**Sahnesteif**
1 EL	**Zucker**
50 g	**Zartbitter-Raspelschokolade**
	Backkakao

Zubereitung: ca. 1 Stunde + 1 Stunde Kühlzeit
Utensilien: Springform Ø 26 cm
Pro Stück: ca. 437 kcal, 6 g E, 32 g F, 31 g KH

1 Backofen auf 180 Grad (Umluft 160) vorheizen. Springformboden mit Backpapier auslegen. Die Eier trennen. Eiweiße steif schlagen. Butter, Zucker und Salz cremig aufschlagen. Eigelbe nacheinander unterrühren. Mehl, Kakao, Backpulver und Nüsse mischen, unter die Eimasse rühren. Raspelschokolade und Eischnee unterheben. Teig in die Springform füllen. Boden ca. 30 Minuten im unteren Ofendrittel backen. Herausnehmen und etwas abkühlen lassen. Boden aus der Form lösen und auf einem Kuchenrost erkalten lassen.

2 Den Boden mit dem Esslöffel ca. 1 cm tief aushöhlen, dabei rundherum einen Rand von ca. 2 cm stehen lassen. Den ausgehöhlten Teig in einer Schüssel grob zerbröseln. Die Mango schälen und vom Stein schneiden. Fruchtfleisch in Spalten schneiden. Schlagsahne, Sahnesteif und Zucker mit den Quirlen des Handmixers steif schlagen. Raspelschokolade unterheben.

3 Die Mango in den ausgehöhlten Boden legen. Sahnecreme kuppelförmig darauf verteilen und mit Kuchenbröseln bestreuen. Mit Kakao bestäuben. Torte 1 Stunde kalt stellen.

VARIANTE

Maulwurfshügel mit Bananen

Statt der Mango 2-3 Bananen schälen, der Länge nach waagerecht halbieren, mit 1 TL Zitronensaft beträufeln und in den ausgehöhlten Boden legen. Dann wie im Rezept weiter verfahren.

STACHELBEER-TORTE *mit Baiserhaube*

Das selbst gekochte Kompott verträgt sich ausgezeichnet mit der Schlagsahne, die den Gaumen mit zartem Vanillearoma verwöhnt. Das Knuspern der Baiserhaube macht die Torte perfekt.

• •

Für 1 Torte (ca. 16 Stücke)

Für den Teig:

175 g	**Butter**
350 g	**Zucker**
1 Prise	**Salz**
5	**Eier (Größe M)**
200 g	**Weizenmehl Type 405**
2 TL	**Backpulver**
2–4 EL	**Milch**

Für die Füllung:

300 g	**Stachelbeeren**
1	**Vanilleschote**
120 g	**Rohrohrzucker**
125 ml	**Weißwein**
	(ersatzweise Apfelsaft)
30 g	**Speisestärke**
500 g	**Schlagsahne**
2 Pckg.	**Sahnesteif**
	Puderzucker (nach Belieben)

Zubereitung: ca. 1 Stunde 30 Minuten
+ 1 Stunde Kühlzeit
Utensilien: Springform Ø 26 cm
Pro Stück: ca. 388 kcal, 4 g E, 21 g F, 44 g KH

1 Den Backofen auf 180 Grad (Umluft 160) vorheizen. Den Boden der Springform mit Backpapier auslegen.

2 Für den Teig Butter, 150 g Zucker und Salz cremig aufschlagen. Eier trennen. Die Eigelbe nacheinander unter die Buttermischung rühren. Mehl und Backpulver mischen und mit der Milch unterrühren. Die Hälfte des Teigs in der Springform glatt streichen. Eiweiße mit restlichem Zucker steif schlagen. Die Hälfte davon auf dem Boden verteilen. Ca. 25 Minuten im unteren Ofendrittel backen, herausnehmen, den Springformrand lösen und den Boden auf einem Kuchenrost erkalten lassen. Form säubern und mit dem zweiten Boden ebenso verfahren.

3 Für das Kompott Stachelbeeren putzen, waschen und gut abtropfen lassen. Die Vanilleschote halbieren und das Mark herausschaben. Beeren mit Zucker, Wein, Vanilleschote und 125 ml Wasser aufkochen und etwa 3–4 Minuten köcheln lassen. Die Stärke mit etwas Wasser anrühren, ins Kompott geben und kurz aufkochen. Kompott erkalten lassen. Vanilleschote herausnehmen.

4 Schlagsahne mit Vanillemark und Sahnesteif steif schlagen. Einen Boden auf eine Tortenplatte setzen und zuerst mit einer dünnen Schicht Schlagsahne, dann mit Stachelbeerkompott bedecken. Die restliche Schlagsahne darauf verteilen und den zweiten Kuchenboden daraufsetzen. Die Torte 1 Stunde kalt stellen und evtl. mit Puderzucker servieren.

STANDFEST – SO GELINGT BAISER Das Eiweiß in eine saubere und fettfreie Schüssel geben und mit den Quirlen des Handmixers oder der Küchenmaschine so lange schlagen, bis der Eischnee Spitzen bildet. Dann nach und nach den Zucker unterschlagen. Damit das Baiser möglichst stabil wird, die Masse jetzt noch weitere 2–3 Minuten schlagen, bis sie glänzt.

ORANGEN-TORTE *mit Karamellcreme*

Alchemie ist die Trickkiste der Konditoren. Hier handelt es sich um den Zaubermix aus Frischkäse und Karamellsauce. Zarte Orangenschale-Raspel verleihen dieser Torte ein herb-fruchtiges Aroma.

Für 1 Torte (ca. 16 Stücke)

Für den Teig:

1	**Bio-Orange**
500 g	**weiche Butter**
1 Pckg.	**Vanillezucker**
300 g	**Zucker**
8	**Eier (Größe M)**
500 g	**Weizenmehl Type 405**
1 Pckg.	**Backpulver**

Für die Füllung:

150 g	**weiche Butter**
200 g	**Doppelrahmfrischkäse**
250 g	**Puderzucker**
50 ml	**Karamellsauce**

Zubereitung: ca. 2 Stunden
+ 1 Stunde 30 Minuten Kühlzeit
Utensilien: Springform Ø 18-20 cm,
Spritzbeutel mit Lochtülle
Pro Stück: ca. 680 kcal. 8 g E. 41 g F. 70 g KH

1 Backofen auf 180 Grad (Umluft 160) vorheizen. Die Orange heiß abwaschen, trocken tupfen und die Schale abreiben. Die Springform mit Backpapier auslegen.

2 Die Butter mit Vanillezucker, etwas Orangenschale und Zucker in einer großen Schüssel mit dem Handmixer ca. 2 Minuten cremig rühren. Eier nach und nach unterrühren. Mehl mit Backpulver mischen und ebenfalls nach und nach unterrühren, bis ein glatter Teig entsteht. Den Teig dritteln, in die Form geben und die Böden nacheinander auf der mittleren Schiene jeweils ca. 30 Minuten backen. Böden auf einem Kuchengitter auskühlen lassen.

3 In der Zwischenzeit die Creme vorbereiten. Dazu die Butter in eine Schüssel geben und ca. 1 Minute aufschlagen. Den Frischkäse hinzufügen und beides 1 Minute verrühren. Puderzucker hinzugeben und verrühren, bis eine glatte Masse entstanden ist. Die Karamellsauce mit einem Löffel unterziehen. Creme in den Spritzbeutel füllen und 30 Minuten in den Kühlschrank legen.

4 Den ersten Boden bereitlegen. Mit dem Spritzbeutel von außen nach innen kleine, dicht aneinanderliegende Tuffs spritzen. Boden ca. 20 Minuten kalt stellen. Zweiten Tortenboden auflegen, Creme wie beim ersten Boden aufspritzen und nochmals kalt stellen. Letzten Boden auflegen, mit restlicher Creme verzieren und kalt stellen. Wenn das Frosting fest ist, die Torte mit der übrigen Orangenschale verzieren und servieren.

EINFACH UND UNKOMPLIZIERT. HIER GEHT'S ZU EINER WEITEREN
TORTE MIT "NACKTEM" RAND:
NAKED CAKE MIT BEEREN
edeka.de/naked-cake

ROSENTORTE
mit Schoko–Sahne–Füllung

Eine Liebeserklärung? Ein Geburtstagskuchen? Eine Babyparty? Dieses Schmuckstück fordert eine Extraportion Hingabe beim Verzieren. Ein dickes Kompliment ist Ihnen dafür gewiss.

• •

Für 1 Torte (ca. 12 Stücke)

Für die Füllung:

100 g	**Schlagsahne**
150 g	**weiße Schokolade**
500 g	**Mascarpone**
120 g	**Himbeerkonfitüre**
1–2 TL	**Rosenwasser (nach Belieben)**

Für den Biskuit:

6	**Eier (Größe M)**
1 Prise	**Salz**
180 g	**Zucker**
100 g	**Weizenmehl Type 405**
80 g	**Speisestärke**
½ gestr. TL	**Backpulver**

Zum Verzieren:

750 g	**Schlagsahne**
2 Pckg.	**Sahnesteif**
	rote Speisefarbe
	Himbeeren zum Dekorieren

Zubereitung: ca. 1 Stunde 30 Minuten
+ ca. 6 Stunden Kühlzeit

Utensilien: Backblech, Spritzbeutel mit
Sterntülle Ø 10 mm

Pro Stück: ca. 658 kcal, 8 g E, 48 g F, 46 g KH

1 Für die Füllung die Sahne erhitzen. Schokolade in Stücke brechen und unter Rühren darin auflösen. Abkühlen lassen, dann mindestens 4 Stunden kalt stellen.

2 Backofen auf 180 Grad (Umluft 160) vorheizen. Ein Backblech mit Backpapier auslegen. Für den Biskuit die Eier trennen. Eiweiße mit 4 EL kaltem Wasser und Salz sehr steif schlagen. Zucker einrieseln lassen und Eigelbe kurz unterrühren. Mehl, Stärke und Backpulver mischen, mit einem Sieb daraufgeben und kurz unterheben.

3 Masse auf dem Blech verstreichen. Auf der mittleren Schiene ca. 15 Minuten backen. Aus dem Ofen nehmen, auf ein weiteres Stück Backpapier stürzen, mitgebackenes Papier vorsichtig abziehen. Biskuitplatte mit dem unten liegenden Backpapier von der kurzen Seite her aufrollen und auskühlen lassen.

4 Schokosahne mit den Quirlen des Handmixers dickcremig aufschlagen. Mascarpone portionsweise unterrühren. Biskuit entrollen, längs in drei gleich breite Streifen schneiden. Konfitüre evtl. mit Rosenwasser verrühren, Biskuitstreifen damit bestreichen. Zwei Drittel der Schoko-Mascarponecreme gleichmäßig darauf verteilen und glatt streichen.

5 Einen Biskuitstreifen auf einer Tortenplatte hochkant zu einer Spirale drehen. Die anderen Teigstreifen nacheinander darum herumlegen und leicht andrücken. Tortenoberfläche evtl. gerade schneiden. Die Torte rundum mit der restlichen Creme bestreichen und ca. 2 Stunden kalt stellen.

6 Sahne mit Sahnesteif steif schlagen. Eine Hälfte zartrosa färben. Die andere Hälfte der Sahne teilen, eine Portion etwas kräftiger rosa, die dritte Portion pink färben. Torte rundherum mit der hellrosa Sahne dünn einstreichen. Restliche helle Sahne in den Spritzbeutel geben, rosenförmig auf die Tortenoberfläche und den oberen Rand spritzen. Darunter die etwas kräftiger eingefärbte Sahne spritzen und mit der pinken Sahne am unteren Tortenrand abschließen. Nach Belieben mit Himbeeren verzieren und bis zum Verzehr kalt stellen.

ROSIGE ZEITEN Speisefarbe bringt Torten richtig zum Leuchten. Es gibt vor allem flüssige Speisefarbe und pastöse, gelartige Farben. Für alle gilt: Sie sind sehr konzentriert, und schon kleine Mengen genügen. Deshalb immer tröpfchenweise dosieren und unterrühren. Während sich flüssige Farben gut für Teige und Marzipan eignen, sind die pastösen Farben perfekt für Cremes und Fondants.

BRATAPFEL-TORTE *mit Zimt-Buttercreme*

Wenn Sie die gestapelten Böden mit der Creme einstreichen und anschließend mit Rosmarinzweigen dekorieren, wird Ihnen dieses Exemplar fast zu schade zum Essen sein.

• •

Für 1 Torte (ca. 16 Stücke)

Für den Teig:

300 g	**Butter**
1	**Vanilleschote**
300 g	**Apfelmus**
2 TL	**Zimt**
2 EL	**Rosinen (nach Belieben)**
3	**Äpfel**
etwas	**Zitronensaft**
6	**Eier (Größe M)**
120 g	**Zucker**
200 g	**brauner Zucker**
360 g	**Weizenmehl Type 405**
3 ½ TL	**Backpulver**
3 TL	**Natron**

Für die Füllung:

400 g	**Butter**
350 g	**Puderzucker**
150 g	**Schlagsahne**
1 Msp.	**Zimt**
6 Zweige	**Rosmarin**

Zubereitung: ca. 2 Stunden 30 Minuten
+ 1 Stunde 40 Minuten Kühlzeit

Utensilien: Springform Ø 18–20 cm,
Einwegspritzbeutel mit Sterntülle

Pro Stück: ca. 660 kcal, 5 g E, 42 g F, 66 g KH

1 Backofen auf 180 Grad (Umluft 160) vorheizen. Butter in einem Topf bei mittlerer Hitze schmelzen und beiseitestellen. Vanilleschote längs aufschneiden und Mark herauskratzen. Apfelmus mit Zimt und Vanillemark sowie ggf. den Rosinen in einen Topf geben. Alles unter Rühren kurz aufkochen und beiseitestellen.

2 Alle Äpfel bis auf den Kern fein reiben und mit Zitronensaft beträufeln. Eier und beide Sorten Zucker in eine Schüssel geben und mit dem Handmixer ca. 2 Minuten aufschlagen. Die geschmolzene Butter nach und nach unter Rühren zugeben. Mehl, Backpulver und Natron mischen und löffelweise unter die Eiermasse rühren.

3 Abgekühltes Apfelmus und geriebene Äpfel mit einem Teigheber gleichmäßig unter den Teig heben. Teigmasse dritteln und nacheinander in der Form auf der mittleren Schiene je ca. 40 Minuten backen. Auf einem Kuchengitter auskühlen lassen.

4 In der Zwischenzeit die Creme vorbereiten. Dafür Butter in einen Topf geben, bei mittlerer Temperatur schmelzen und erhitzen, bis sie eine leicht goldgelbe Farbe annimmt. Butter in eine Schüssel geben und für ca. 40 Minuten in den Kühlschrank stellen, bis sie leicht fest wird.

5 Butter mit dem Handmixer kräftig aufschlagen, bis sie cremig wird. Puderzucker, flüssige Schlagsahne und Zimt hinzufügen und erneut kurz aufschlagen. Die Creme nochmals 30 Minuten in den Kühlschrank stellen.

6 Tortenböden nebeneinanderlegen. Zwei Böden ca. 1 cm dick mit der Creme bestreichen und aufeinandersetzen. Dritten Boden auflegen, Torte dünn mit Creme einstreichen und 30 Minuten kalt stellen. 2–3 EL der restlichen Creme in den Spritzbeutel füllen. Torte mit der übrigen Creme einstreichen, mit Creme-Tuffs und Rosmarinzweigen verzieren. Bis zum Verzehr kalt stellen.

Schmelz, Glanz & Gloria

SCHOKOLADE

Als Füllung oder als Guss? In der Tarte, auf Talern oder im Brot? Die Variationen von Schokolade sind einmalig gut. Wie Sie mühelos ein talentierter Chocolatier werden, zeigen wir auf den folgenden Seiten.

SCHOKO-
KUCHEN *mit Salzkaramell*

Bei der Zubereitung des Toppings besteht die Möglichkeit, dass Sie die Karamellnüsse probieren und sie voreilig wegnaschen. Unser Vorschlag: Verarbeiten Sie einfach die doppelte Menge wie angegeben.

• •

Für 3 kleine Kuchen (ca. 12 Stücke)

150 g	**Zartbitterschokolade (85 % Kakaoanteil)**
150 g	**weiche Butter + etwas für die Form**
100 g	**brauner Zucker**
5	**Eier (Größe M)**
200 g	**gemahlene Haselnüsse**
200 g	**Weizenmehl Type 405**
½ Pckg.	**Backpulver**
1 TL	**Lebkuchengewürz**
1 Prise	**Salz**
150 g	**Crème fraîche**

Für den Salzkaramell:

60 g	**Zucker**
20 g	**Butter**
50 g	**Schlagsahne**
½ TL	**Salzflocken (z. B. Fleur de Sel)**

Für die Karamellnüsse:

2 EL	**Zucker**
50 g	**Haselnusskerne**

Zubereitung: ca. 1 Stunde 10 Minuten
+ 30 Minuten Kühlzeit
Utensilien: 3 kleine Kastenformen 15 cm
oder 1 Kastenform 25 cm
Pro Stück: ca. 528 kcal, 9 g E, 38 g F, 37 g KH

1 Backofen auf 180 Grad (Umluft 160) vorheizen. Schokolade fein reiben. Form buttern. Butter und Zucker cremig rühren. Eier nacheinander jeweils 30 Sekunden lang unterrühren. Schokolade, Nüsse, Mehl, Backpulver, Lebkuchengewürz und Salz vermischen und mit der Crème fraîche unterrühren.

2 Den Teig in die Formen füllen und auf der mittleren Schiene ca. 40 Minuten backen. Kuchen in der Form auf dem Kuchengitter ca. 30 Minuten abkühlen lassen, stürzen und vollständig auskühlen lassen.

3 In der Zwischenzeit für den Salzkaramell Zucker und Butter in einem Topf schmelzen und unter Rühren 3–4 Minuten goldbraun karamellisieren. Schlagsahne angießen, aufkochen und zu einem hellbraunen, dickflüssigen Karamell kochen. Auskühlen lassen, Salz unterrühren.

4 Für die Karamellnüsse Zucker und 1 EL Wasser goldbraun karamellisieren. Die Nüsse dazugeben und ca. 2 Minuten rösten, dabei in dem Karamell wenden. Alles etwas abkühlen lassen, sodass der Karamell etwas anzieht. Dann die Nüsse einzeln herausheben, dabei Karamell als Fäden mit herausziehen. Nüsse mit Karamellfäden auf ein Stück Alufolie geben.

5 Den Kuchen mit der Salzkaramellsauce übergießen und die Karamellnüsse kurz vor dem Servieren darauf anrichten.

GOLDIGE AUSSICHTEN Beim Karamellisieren ist das Timing wichtig. Den Zucker in einen Topf oder eine Pfanne geben, langsam erhitzen und nicht rühren, bis er sich aufzulösen beginnt. Das erfordert Geduld, aber stellt man die Temperatur zu hoch, wird der Zucker zu dunkel, bitter oder verbrennt. Und rührt man zu früh, bilden sich Klümpchen, die sich nicht mehr auflösen. Den Karamell, sobald er eine bernsteinähnliche Farbe hat, vom Herd nehmen und weiterverarbeiten. Übrigens: Weißer raffinierter Zucker schmilzt am gleichmäßigsten.

SCHOKO-TARTE *mit Himbeeren*

Der typisch gewellte Rand, der knusprige Boden, die Schoko-Himbeer-Liaison - da gibt es nichts zu verbessern. Dieser Anblick hält auch geschmacklich, was er verspricht.

· ·

Für 1 Tarte (ca. 14 Stücke)

Für den Mürbeteig:

120 g	**Weizenmehl Type 405** + etwas zum Ausrollen
30 g	**gemahlene Mandeln**
20 g	**Puderzucker**
1 Prise	**Salz**
1	**Ei (Größe M)**
65 g	**Butter**
¼ TL	**abgeriebene Bio-Zitronenschale** Hülsenfrüchte zum Blindbacken

Für die Füllung:

300 g	**Zartbitter-Couverture**
250 g	**Schlagsahne**
50 g	**Butter**

Zum Garnieren:

50 g	**Zartbitter-Schokoladenraspeln**
100 g	**Himbeeren**

Zubereitung: ca. 1 Stunde 15 Minuten
+ 1 Stunde Kühlzeit
Utensilien: Tarteform Ø 28 cm
Pro Stück: ca. 312 kcal, 1 g E, 6 g F, 5 g KH

1 Für den Mürbeteig das Mehl auf eine Arbeitsfläche sieben und in die Mitte eine Mulde drücken, Mandeln, Puderzucker, Salz, Ei, Butter in Stücken und die Zitronenschale hineingeben. Rasch zu einem glatten Teig verarbeiten. Zu einer Kugel formen, in Folie wickeln und ca. 1 Stunde kalt stellen.

2 Backofen auf 200 Grad (Umluft 180) vorheizen. Den Teig auf einer bemehlten Arbeitsfläche zu einem Kreis (Ø ca. 30 cm) ausrollen. Den Teig in die Form legen, den Rand andrücken und überstehenden Teig abschneiden. Den Boden mehrmals mit einer Gabel einstechen und mit einem Stück Backpapier belegen. Die Hülsenfrüchte einfüllen und den Boden auf der mittleren Schiene 25-30 Minuten vorbacken. Form aus dem Ofen nehmen, Backpapier und Hülsenfrüchte vorsichtig entfernen. Auf einem Kuchengitter auskühlen lassen.

3 Für die Füllung die Couverture hacken. Schlagsahne in einem Topf kurz aufkochen, vom Herd nehmen und die Couverture unter Rühren darin auflösen. Butter einrühren. Die Schokocreme auf dem Teig glatt streichen. Tarte in den Kühlschrank stellen, bis die Schokolade fest ist.

4 Die Tarte aus der Form heben und auf eine Kuchenplatte setzen. Mit Schokoraspeln bestreuen und mit den Himbeeren garnieren.

KALTER HUND
mit Ingwer

Mit Popcorn und kandiertem Ingwer verziert, erlebt der kühle Klassiker eine Renaissance.

• • • • • • • • • •

Für 1 Kuchen (ca. 20 Stücke)

100 g	**Zartbitterschokolade (72 % Kakaoanteil)**
100 g	**Vollmilchschokolade**
200 g	**festes Kokosfett**
3	**Eier (Größe M)**
125 g	**Puderzucker**
½ TL	**gemahlener Ingwer**
1 Prise	**Salz**
100 g	**Backkakao**
4 EL	**Schlagsahne**
150 g	**Butterkekse**
50 g	**kandierter Ingwer**
ca. 5 g	**süßes Popcorn**

Zubereitung: ca. 50 Minuten

+ 12 Stunden Kühlzeit

Utensilien: Kastenform 25 cm

Pro Stück: ca. 244 kcal, 4 g E, 17 g F, 20 g KH

1 Zartbitter- und Vollmilchschokolade hacken. Das Kokosfett in Stücke brechen und mit der Schokolade in einem Topf bei niedriger Hitze schmelzen. Masse leicht abkühlen lassen.

2 Die Eier, Puderzucker, gemahlenen Ingwer und 1 Prise Salz mit den Quirlen des Handmixers 5 Minuten cremig schlagen. Kakao und Sahne hinzufügen und auf niedriger Stufe einrühren. Nach und nach die flüssige Schokoladenmischung unterrühren.

3 Die Kastenform mit Backpapier auslegen. Den Boden und die Seiten mit etwas Schokoladenmasse bestreichen. Butterkekse und Schokoladenmasse abwechselnd in die Form schichten, dabei die Kekse dicht an dicht legen, ggf. in passende Stücke schneiden. Mit einer Schokoladenschicht enden. Den Kuchen über Nacht kalt stellen.

4 Kuchen aus der Form stürzen, das Papier vorsichtig ablösen. Ingwer grob in Stücke schneiden und mit Popcorn auf dem Kuchen verteilen. Ohne Deko hält sich der Kuchen 1–2 Wochen im Kühlschrank.

LAVA-CAKES
mit Whiskey-Sahne

Der Trick der Kernschmelze ist die Kälte: Die Küchlein werden gefroren gebacken und gleich serviert.

· · · · · · · · · · · · · ·

Für ca. 4 Stück

100 g	**Zartbitterschokolade (72 % Kakaoanteil)**
100 g	**Butter + etwas für die Förmchen**
80 g	**Weizenmehl Type 405 + etwas für die Förmchen**
2	**Eier (Größe M)**
2	**Eigelb (Größe M)**
80 g	**Zucker**
1 Pckg.	**Vanillezucker**
200 g	**Schlagsahne**
1–2 EL	**Whiskey (nach Belieben)**
1 TL	**Backkakao**

Zubereitung: ca. 35 Minuten

+ 12 Stunden Gefrierzeit

Utensilien: 4 backfeste Metallförmchen à 150 ml

Pro Stück: ca. 733 kcal, 11 g E, 50 g F, 54 g KH

1 Die Schokolade in Stücke brechen und mit der Butter unter Rühren erwärmen, bis beides geschmolzen ist. Die Förmchen fetten und mit Mehl ausstäuben. Eier, Eigelbe, Zucker und Vanillezucker weißcremig schlagen. Schokomischung unterrühren. Mehl sieben und einrühren.

2 Schokomasse auf die Förmchen verteilen und über Nacht mit Folie abgedeckt gefrieren lassen. Backofen auf 180 Grad (Umluft 160) vorheizen. Förmchen kurz vor dem Servieren auf der mittleren Schiene ca. 22 Minuten backen.

3 Schlagsahne halbfest schlagen, dabei evtl. zum Schluss Whiskey unterrühren. Förmchen etwas abkühlen lassen, stürzen und Lava-Cakes mit Kakao bestäuben. Mit der Whiskey-Sahne anrichten.

Außen leicht knusprig, innen warm und flüssig – ähnlich wie bei einem Vulkan. Daher haben die süßen Kleinen ihren Namen.

PULL-APART-BREAD *mit Schokolade*

Eine simple Falttechnik lässt dieses Brot zum Zupfbrot werden. Mit Zartbitterschokolade und Pekannüssen wird es auf eine unwiderstehliche Zerreißprobe gestellt.

. . . .

Für 1 Brot (ca. 16 Stücke)

Für den Teig:

200 ml	**Milch**
35 g	**frische Hefe**
50 g	**Zucker**
500 g	**Weizenmehl Type 405**
	+ etwas zum Ausrollen
1 Prise	**Salz**
1	**Ei (Größe M)**
1	**Eigelb (Größe M)**
60 g	**weiche Butter + etwas für die Form**

Für die Füllung:

80 g	**Pekannüsse**
60 g	**Zartbitterschokolade (72 % Kakaoanteil)**
100 g	**Butter**
100 g	**Puderzucker**
½ TL	**Zimt**

Außerdem:

2 EL	**Aprikosenkonfitüre**

Zubereitung: ca. 1 Stunde 10 Minuten
+ 1 Stunde 30 Minuten Ruhezeit
Utensilien: Kastenform 25 cm
Pro Stück: ca. 290 kcal, 6 g E, 13 g F, 37 g KH

1 Milch lauwarm erwärmen. Hefe zerbröckeln und mit 1 EL Zucker darin auflösen. Zugedeckt 10 Minuten gehen lassen. Mehl, Salz, übrigen Zucker, Ei, Eigelb und Butter mit der Hefemilch zu einem glatten Teig verkneten. Zugedeckt an einem warmen Ort 1 Stunde gehen lassen.

2 Inzwischen die Pekannüsse grob und die Schokolade fein hacken. Butter zerlassen, Puderzucker kurz unterrühren und Topf vom Herd nehmen. Schokolade darin schmelzen und Zimt unterrühren. Creme abkühlen lassen. Dann kühl stellen, bis sie leicht andickt. Dabei zwischendurch immer wieder durchrühren.

3 Die Kastenform fetten. Den Teig auf wenig Mehl kurz durchkneten und zu einem Rechteck (ca. 40 x 50 cm) ausrollen. Teig in 4 Streifen (je 10 cm breit) schneiden - am besten mit einem Pizzaschneider. Mit der Schokocreme bestreichen und mit Pekannüssen bestreuen. Streifen übereinanderlegen und quer in 7 Stapel (ca. 7 cm lang) schneiden.

4 Teigstapel hintereinander so in die Kastenform setzen, dass jeweils eine Schnittkante nach oben zeigt. Den letzten Stapel dabei umdrehen, damit die unbestrichene Unterseite zur Form zeigt. Zugedeckt 15-20 Minuten gehen lassen.

5 Den Backofen auf 180 Grad (Umluft 160) vorheizen. Den Kuchen auf der zweiten Schiene von unten ca. 25 Minuten backen. Nach der halben Backzeit mit Alufolie abdecken, damit die Oberfläche nicht zu dunkel wird. Herausnehmen und auf einem Kuchengitter leicht abkühlen lassen. Konfitüre unter Rühren erwärmen, Oberfläche des Pull-Apart-Breads damit bestreichen. Auskühlen lassen und aus der Form lösen.

SCHOKO UND BANANE SIND EIN UMWERFENDES DREAM-TEAM, ÜBERZEUGEN SIE SICH SELBST:

ZUPFBROT MIT BANANE

edeka.de/zupfbrot-mit-banane

Himbeer-
SCHOKOTORTE

Die Cremefüllung aus frischen Himbeeren und Mascarpone ist der köstliche Clou dieser Torte. Frei gewählt sind die Zugabe von Himbeergeist sowie die Menge der Beeren und Kirschen als Topping.

• •

Für 1 Torte (12 Stücke)

Für den Teig:

100 g	**Zartbitterschokolade (72 % Kakaoanteil)**
4	**Eier (Größe M)**
150 g	**Butter**
150 g	**Zucker**
1 Prise	**Salz**
175 g	**Weizenmehl Type 405**
1 EL	**Backkakao**
2 TL	**Backpulver**

Für die Füllung:

5 Blatt	**weiße Gelatine**
200 g	**Himbeeren**
250 g	**Mascarpone**
70 g	**Zucker**
1 EL	**Himbeergeist (nach Belieben)**
300 g	**Schlagsahne**
	rote Speisefarbe (nach Belieben)

Für den Guss:

100 g	**Zartbitter-Couverture**
50 g	**Butter**
200 g	**Beeren und Kirschen (nach Belieben)**

Zubereitung: ca. 1 Stunde 30 Minuten
+ 3 Stunden 30 Minuten Kühlzeit
Utensilien: Springform Ø 20 cm
Pro Stück: ca. 560 kcal, 8 g E, 39 g F, 43 g KH

1 Die Zartbitterschokolade hacken und im Wasserbad bei niedriger Hitze schmelzen. Eier trennen und Eiweiße steif schlagen. Den Backofen auf 180 Grad (Umluft 160) vorheizen. Den Boden der Springform mit Backpapier auslegen.

2 Für den Teig Butter, Zucker und Salz cremig aufschlagen. Eigelbe nacheinander unterrühren. Weizenmehl, Kakao und Backpulver vermischen und mit der Schokolade unterrühren. Eischnee vorsichtig unterheben. Den Teig in die Form füllen und auf der zweiten Schiene von unten ca. 35 Minuten backen. Boden auf einem Kuchengitter erkalten lassen.

3 Gelatine in kaltem Wasser einweichen. Himbeeren mit einer Gabel zerdrücken und mit Mascarpone, Zucker und evtl. Himbeergeist verrühren. Gelatine in einem Topf auflösen, 2-3 EL Himbeercreme damit verrühren. Danach die Mischung zügig unter die übrige Himbeercreme rühren. Die Schlagsahne steif schlagen und unter die Himbeercreme heben. Creme evtl. mit etwas Speisefarbe nachfärben. Die Creme dann kalt stellen, bis sie zu gelieren beginnt.

4 Den Boden zweimal waagerecht durchschneiden. Auf den unteren Boden ein Drittel der Creme streichen. Zweiten Boden auflegen und mit einem weiteren Drittel Creme bestreichen. Oberen Boden daraufsetzen. Den Rand der Torte dünn mit Creme einstreichen, die übrige Creme auf der Oberfläche verteilen. Torte ca. 3 Stunden kalt stellen.

5 Für den Guss die Couverture hacken und mit der Butter unter ständigem Rühren in einem Topf schmelzen. Abkühlen lassen, bis die Masse dickflüssig und noch gießbar ist. (Sollte der Guss zu fest sein, ihn evtl. wieder leicht erwärmen.) Die Torte aus dem Kühlschrank holen, sofort die Glasur über die Torte gießen und an den Seiten herunterlaufen lassen. Mit einer Palette oben glatt streichen (die Seiten so lassen), dabei schnell arbeiten, da die Glasur rasch fest wird. Torte mit Beeren und Kirschen dekorieren und noch mal 30 Minuten kalt stellen.

Aha!

Torten, bei denen flüssige Schokolade oder
eine glänzende Ganache am Tortenrand
herunterläuft, nennt man „Drip-Cakes".
„Drip" bedeutet auf Deutsch „Tropfen".

Schokoladiger
ROTE-BETE-KUCHEN

Wie ihre Verwandte, die Möhre, eignet sich die rote Rübe hervorragend als Backzutat. Schön saftig lässt sie den Kuchen werden. Die Zartbitter-Couverture ist ihr Spielpartner im Aroma-Orchester.

• •

Für 1 Kuchen (ca. 10 Stücke)

200 ml	**Sonnenblumenöl**
	+ etwas für die Form
250 g	**vorgegarte Rote Bete (vakuumiert)**
200 g	**brauner Zucker**
3	**Eier (Größe M)**
200 g	**Weizenmehl Type 405**
1 ½ TL	**Backpulver**
1 ¼ EL	**Backkakao**
125 g	**Zartbitter-Couverture**

Zubereitung: ca. 50 Minuten + 30 Minuten Kühlzeit
Utensilien: Springform mit Rohrbodeneinsatz Ø 20 cm
Pro Stück: ca. 435 kcal, 6 g E, 26 g F, 44 g KH

1 Den Backofen auf 180 Grad (Umluft 160) vorheizen. Die Form mit Öl fetten. Die Rote Bete gut abtropfen lassen und fein raspeln. Mit Zucker, Eiern und Öl verrühren. Mehl, Backpulver und 1 EL Kakao mischen und kurz unterrühren.

2 Den Teig in die Form füllen und auf der mittleren Schiene ca. 30 Minuten backen. Herausnehmen und anschließend auf einem Kuchengitter ca. 30 Minuten auskühlen lassen. Dann aus der Form lösen und vollständig erkalten lassen.

3 Couverture hacken und im heißen Wasserbad schmelzen. Kuchen damit überziehen und fest werden lassen. Kurz vor dem Servieren mit übrigem Kakao bestäuben.

FLIESSEN LASSEN Schokolade zu schmelzen ist einfach. Wichtig ist nur, dass sie nicht zu heiß wird! Die beste Methode ist das Wasserbad. Über dem Wasserdampf kann die Schokolade langsam bei ca. 45 Grad schmelzen, ohne dass sie verbrennt. Aber es darf dabei kein Wasser in die Schokolade tropfen – denn das macht sie fleckig und stumpf. Deshalb den Topf nur zu einem Drittel mit Wasser füllen und das Wasser nicht kochen lassen. Sobald die unteren Stückchen geschmolzen sind, Herd ausstellen und Restwärme nutzen.

SCHOKO-TALER *mit Salzkaramell*

Die Fusion aus süß und salzig ist kaum zu übertreffen. Dabei sehen die Knuspertaler nicht nur unglaublich toll aus, sie sind auch noch simpel zubereitet.

• •

Für ca. 60 Stück

200 g	**weiche Butter**
½ TL	**Salz**
70 g	**Puderzucker**
1	**Eigelb (Größe M)**
30 g	**Backkakao**
200 g	**Weizenmehl Type 405**
	+ etwas zum Ausrollen
½ TL	**Backpulver**
250 g	**Zucker**
40 g	**Ahornsirup**
50 g	**Schlagsahne**
200 g	**Zartbitterschokolade**
	(85 % Kakaoanteil)
1 TL	**Salzflocken (z. B. Fleur de Sel)**

Zubereitung: ca. 50 Minuten
+ 1 Stunde Kühlzeit
Utensilien: Backblech, Ausstecher Ø ca. 3,5 cm,
Spritzbeutel mit Lochtülle
Pro Stück: ca. 82 kcal, 0,5 g E, 3 g F, 8 g KH

1 Für den Teig 150 g Butter, Salz und Puderzucker cremig aufschlagen. Eigelb unterrühren. Kakao, Mehl und Backpulver mischen und unter den Buttermix kneten. Teig in Folie gewickelt 1 Stunde kalt stellen.

2 Den Zucker und 3 EL Wasser in einem Topf langsam erhitzen, bis ein goldbrauner Karamell entsteht. Restliche Butter, Schlagsahne und Ahornsirup erhitzen, bis die Mischung flüssig ist. Unter den karamellisierten Zucker rühren, bis eine glatte Masse entsteht. Etwas abkühlen lassen.

3 Backofen auf 180 Grad (Umluft 160) vorheizen. Den Teig portionsweise auf einer leicht bemehlten Arbeitsfläche dünn ausrollen. Kreise ausstechen und auf zwei mit Backpapier belegte Backbleche legen. Auf der mittleren Schiene ca. 10 Minuten backen, dann abkühlen lassen. Karamellmasse lauwarm in einen Spritzbeutel füllen und auf den Plätzchen verteilen. Dann abkühlen lassen.

4 Die Schokolade hacken und im Wasserbad schmelzen. Plätzchen zur Hälfte in die Schokolade tauchen und auf ein Kuchengitter legen. Mit Salz dekorieren und trocknen lassen.

Walnuss–
BROWNIE

Beim Schokoladen-Reigen darf der
berühmte Brownie nicht fehlen.

• • • • • • • • • • • •

Für 1 Kuchen (ca. 16 Stücke)

275 g	**Zucker**
150 g	**Walnusskerne**
350 g	**Zartbitterschokolade** **(72 % Kakaoanteil)**
125 ml	**Sonnenblumenöl**
150 g	**Weizenmehl Type 405**
½ Pckg.	**Backpulver**
3	**Eier (Größe M)**
2 Prisen	**Salz**
1 EL	**Backkakao**

Zubereitung: ca. 1 Stunde
Utensilien: eckige Backform 20 x 20 cm
Pro Stück: ca. 373 kcal, 6 g E, 22 g F, 38 g KH

1 Backofen auf 180 Grad (Umluft 160) vorheizen. Den Boden der Form mit Backpapier auslegen. 100 g Zucker in einer Pfanne goldgelb karamellisieren lassen. Walnüsse hinzufügen und mit dem Karamell vermischen. Die Nüsse auf Backpapier geben und erkalten lassen. Schokolade grob hacken. 300 g davon im Wasserbad schmelzen und das Öl unterrühren.

2 Mehl und Backpulver mischen. Übrigen Zucker, Eier und 2 Prisen Salz mit den Quirlen des Handmixers 1 Minute aufschlagen. Die Schokomasse dazugeben und einrühren. Mehlmischung unterrühren. Zwei Drittel der Walnüsse grob hacken und mit der restlichen gehackten Schokolade unterheben.

3 Den Teig in die Form füllen und auf der zweiten Schiene von unten ca. 25 Minuten backen. Brownie auf einem Kuchengitter in der Form abkühlen lassen. Dann in Stücke schneiden und mit Kakao und übrigen Karamellnüssen dekorieren.

Orangen—
BLONDIE

Das helle und ebenso anschauliche Pendant zu links überrascht mit gepufftem Amaranth.

• • • • • • • • • • •

Für 1 Kuchen (ca. 20 Stücke)

50 g	**ganze Mandeln (ohne Schale)**
150 g	**weiße Schokolade**
125 g	**weiche Butter + etwas für die Form**
4	**Eier (Größe M)**
150 g	**Zucker**
½ TL	**Vanilleextrakt** **(ersatzweise Mark 1 Vanilleschote)**
1 TL	**Bio-Orangenschale**
4 EL	**Orangensaft**
250 g	**Weizenmehl Type 405**
¼ TL	**Backpulver**
50 g	**weiße Couverture**
1 EL	**gepuffter Amaranth**

Zubereitung: ca. 55 Minuten
Utensilien: eckige Backform ca. 22 x 18 cm
Pro Stück: ca. 205 kcal, 4 g E, 11 g F, 22 g KH

1 Backofen auf 160 Grad (Umluft 140) vorheizen. Den Boden der Form mit Backpapier auslegen. Mandeln grob hacken und beiseitelegen. Weiße Schokolade hacken, mit der Butter in einen Topf geben und bei schwacher Hitze unter ständigem Rühren schmelzen. Die Mischung dann in eine Schüssel umfüllen. Eier, Zucker, Vanilleextrakt, Orangenschale und Orangensaft unterrühren.

2 Das Mehl und das Backpulver mischen und kurz einrühren. Nun die Mandeln unterheben. Den Teig in die Form geben, glatt streichen und auf der mittleren Schiene ca. 35 Minuten backen. Blondie in der Form etwas abkühlen lassen, dann stürzen und das Backpapier entfernen. Den Kuchen vorsichtig umdrehen und vollständig erkalten lassen.

3 Couverture hacken und schmelzen. Mit einem Teelöffel als dicke Fäden über den Kuchen ziehen. Sofort mit Amaranth bestreuen, Couverture fest werden lassen und servieren.

WEIẞE SCHOKOTORTE *mit Rhabarber*

Rot und Weiß gesellt sich gern: Rhabarberkompott und weiße Couverture möchten Ihre ganze Aufmerksamkeit. Bei der Wahl zur leckersten Torte steht sie mit auf dem Siegertreppchen.

• •

Für 1 Torte (12–16 Stücke)

Für den Teig:

5	**Eier (Größe M)**
160 g	**Zucker**
1 Prise	**Salz**
75 g	**Weizenmehl Type 405**
75 g	**Speisestärke**
½ TL	**Backpulver**
50 g	**gemahlene Mandeln (ohne Schale)**

Für die Creme:

300 g	**Rhabarber**
80 g	**Zucker**
200 g	**weiße Couverture**
4 Blatt	**weiße Gelatine**
3	**Eier (Größe M)**
300 g	**Schlagsahne**
	weiße Schokospäne

Zubereitung: ca. 1 Stunde 35 Minuten
+ 4–12 Stunden Kühlzeit
Utensilien: Springform Ø 26 cm, Tortenring
Pro Stück: ca. 280 kcal, 7 g E, 14 g F, 30 g KH

1 Den Backofen auf 200 Grad (Umluft 180) vorheizen. Springform mit Backpapier auslegen. Die Eier trennen. Eiweiße mit 5 EL kaltem Wasser steif schlagen, dabei 70 g Zucker nach und nach einrieseln lassen. Eigelbe, übrigen Zucker und Salz dickcremig und hell aufschlagen. Mehl, Stärke und Backpulver mischen, durch ein Sieb darüberstreuen und mit einem Drittel vom Eischnee unterziehen. Mandeln mit einem weiteren Drittel Eischnee unterheben. Restlichen Eischnee locker unterheben. Masse in der Springform glatt streichen und auf der mittleren Schiene 20–25 Minuten backen. Auf einem Kuchengitter abkühlen lassen.

2 Den Rhabarber waschen, putzen und klein schneiden. Mit 2 EL Zucker und 4–6 EL Wasser aufkochen und ca. 8 Minuten unter Rühren garen, bis der Rhabarber ganz zerfällt. Auskühlen lassen.

3 Couverture fein hacken und über einem heißen Wasserbad schmelzen. Gelatine in kaltem Wasser einweichen. Eier trennen. Eiweiße und Sahne getrennt steif schlagen. Eigelbe mit übrigem Zucker im heißen Wasserbad ca. 3 Minuten dickcremig aufschlagen. Gelatine leicht ausdrücken und unter Rühren darin auflösen. Schüssel aus dem Wasserbad nehmen. Erst die flüssige Couverture, dann die Hälfte der Sahne unterrühren. Creme kühl stellen, bis sie zu gelieren beginnt. Die übrige Sahne und dann den Eischnee unterziehen.

4 Den Boden aus der Form lösen und waagerecht halbieren. Um den unteren Boden den Tortenring stellen. Drei Viertel der Creme darauf verstreichen. Rhabarberkompott löffelweise in Klecksen darauf verteilen und mit einem Holzspieß leicht marmorieren. Den zweiten Boden auflegen und mit restlicher weißer Creme bestreichen. Torte im Kühlschrank mindestens 4 Stunden (oder besser über Nacht) fest werden lassen. Vor dem Servieren Tortenring ablösen und die Torte mit Schokospänen dekorieren.

GUTE BINDUNG Gelatine gibt es in gemahlener Form und als Blatt. Die Blätter lassen sich leichter portionieren. Gelatine in kaltem Wasser einweichen und zum Auflösen in einen kleinen Topf oder in ein Wasserbad geben. Gelatine sollte nicht kochen, da sie dann nicht mehr geliert. Damit sich keine Klümpchen bilden, warme Gelatinelösung zunächst mit 3–4 EL der Creme verrühren (Temperaturausgleich), dann zügig unter die gesamte Masse rühren.

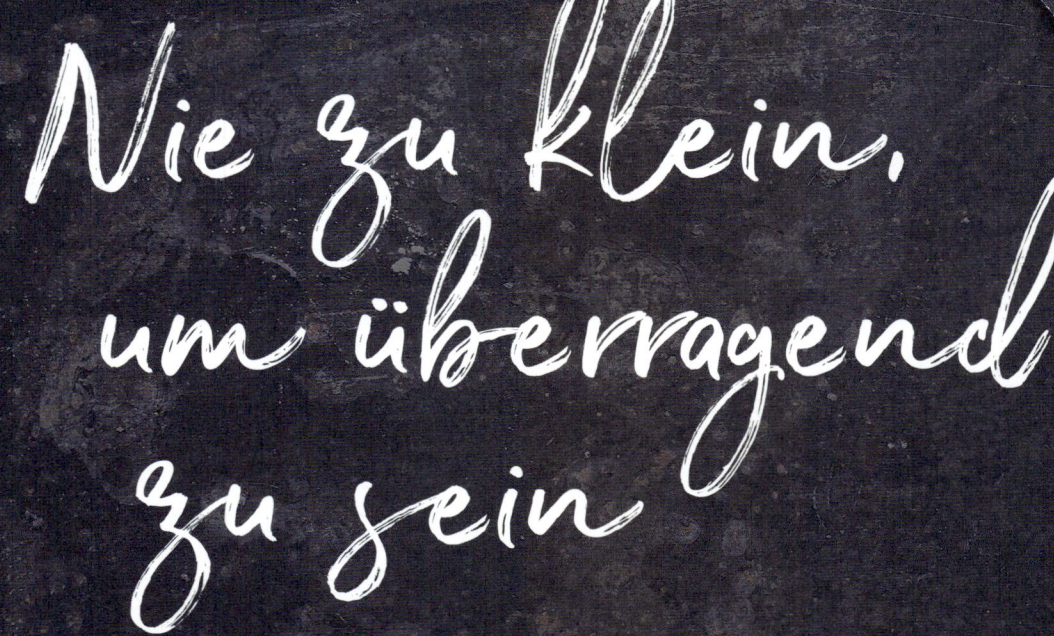

Nie zu klein, um überragend zu sein

KLEINGEBÄCK

Sie liegen gut in der Hand, sie sind dekorativ, sie schmecken köstlich. Und eigentlich kann man immer spielend zwei Teilchen von ihnen verdrücken. Herzlich willkommen in der S-Klasse!

Heidelbeer-
BISKUIT-
TÖRTCHEN mit Lemon Curd

„Was ist da drin in der Füllung?", werden Ihre Gäste verzückt fragen. Es ist der zitronige Aufstrich Lemon Curd, der sich so gut zu den beliebten Heidelbeeren macht.

• •

Für ca. 8 Stück

Für den Teig:

2	**Eier (Größe M)**
75 g	**Zucker**
40 g	**Weizenmehl Type 405**
20 g	**Speisestärke**
1 Msp.	**Backpulver**
1 TL	**fein abgeriebene Bio-Zitronenschale**

Für die Füllung:

200 g	**Heidelbeeren**
150 g	**Schmand**
50 g	**Puderzucker**
3 EL	**Lemon Curd**
300 g	**Schlagsahne**
2 Pckg.	**Sahnesteif**

Zubereitung: ca. 1 Stunde
Utensilien: 2 Backbleche, Spritzbeutel mit Lochtülle Ø 13 mm
Pro Stück: ca. 320 kcal, 6 g E, 20 g F, 27 g KH

1 Den Backofen auf 180 Grad (Umluft 160) vorheizen. Zwei Backbleche mit Backpapier auslegen.

2 Für den Teig die Eier trennen. Eiweiße steif schlagen. Die Hälfte des Zuckers unter Rühren einrieseln lassen und weiterhin schlagen, bis der Eischnee dick ist und glänzt. Eigelbe mit dem übrigen Zucker 2 Minuten dickcremig und hell aufschlagen. Mehl, Stärke und Backpulver mischen, durch ein Sieb darüberstreuen. Mit Zitronenschale sowie einem Drittel des Eischnees unterziehen. Dann den übrigen Eischnee unterheben.

3 Den Biskuitteig in den Spritzbeutel füllen und 16 Taler (Ø ca. 6 cm) auf die Bleche spritzen. Auf der mittleren Schiene ca. 10 Minuten backen. Herausnehmen und auf einem Kuchengitter abkühlen lassen.

4 Die Heidelbeeren verlesen. Den Schmand mit der Hälfte des Puderzuckers und mit Lemon Curd verrühren. Die Schlagsahne mit Sahnesteif steif schlagen. Unter die Schmandcreme ziehen und mit 100 g Heidelbeeren mischen. Die Hälfte der Biskuits damit bestreichen. Mit den restlichen Beeren belegen und dann die übrigen Biskuits daraufsetzen. Mit übrigem Puderzucker bestäuben und servieren.

SCHAUMSCHLÄGER Biskuit ist ein besonders fluffiger Teig. Damit er schön locker wird, müssen die Eier 2–4 Minuten aufgeschlagen werden. Schlägt man sie zu kurz auf, fehlt dem Teig Volumen; schlägt man sie zu lange auf, kann es passieren, dass die Masse im Ofen zusammenfällt. Lassen Sie den Teig auch nicht stehen, sondern backen Sie ihn sofort. Ob er gar ist, kann man übrigens fühlen: Weich und watteähnlich ist er ideal.

Erdbeer-
MUFFINS mit Pistazien

Feine Miniaturen wie aus 1001 Nacht: Die Königin von Saba ernannte einst die Pistazie zum ausschließlich königlichen Nahrungsmittel – die Dame hatte einen guten Geschmack.

• •

Für 12 Stück

75 g	**Butter**
12	**mittelgroße Erdbeeren (ca. 200 g)**
50 g	**Pistazienkerne**
130 g	**Puderzucker**
1 Prise	**Salz**
250 g	**Weizenmehl Type 405**
1 TL	**Backpulver**
1	**Ei (Größe M)**
125 ml	**Milch**
125 g	**Joghurt**
1 EL	**Erdbeerkonfitüre**

Zubereitung: ca. 50 Minuten

Utensilien: Muffinblech mit 12 Mulden à 7 cm Ø, 12 Papier-Muffinförmchen

Pro Stück: ca. 207 kcal, 4 g E, 8 g F, 29 g KH

1 Den Backofen auf 200 Grad (Umluft 180) vorheizen. Butter schmelzen. Erdbeeren putzen, waschen und trocken tupfen.

2 Für den Teig 25 g Pistazien hacken, 20 g Pistazien fein mahlen. Beides mit 125 g gesiebtem Puderzucker, Salz, Mehl und Backpulver mischen. Leicht abgekühlte Butter, Ei, Milch und Joghurt glatt verquirlen. Mit einem Löffel kurz unter die Mehlmischung ziehen, bis der Teig gerade bindet.

3 Den Teig auf 12 mit Papierförmchen ausgekleidete Mulden eines Muffinblechs verteilen. Mittig jeweils eine Erdbeere mit der Spitze nach oben hineinsetzen. Die Muffins dann auf der mittleren Schiene 25-28 Minuten backen, herausnehmen und abkühlen lassen.

4 Die Konfitüre mit wenig Wasser unter Rühren erwärmen, bis sie flüssiger wird. Erdbeeren damit bepinseln. Übrige Pistazienkerne mit restlichem Puderzucker fein mahlen. Die Muffins vor dem Servieren damit bestreuen.

KINDERLEICHT Der Muffinteig ist einer der wenigen Teige, bei deren Zubereitung man keinen Handmixer braucht. Da der Teig sehr flüssig ist, werden alle Zutaten ganz einfach verrührt – am besten mit dem Schneebesen oder mit einem Kochlöffel. Den Muffinteig aber nur kurz verrühren: Bei längerem Rühren spalten sich die Eiweiße im Mehl immer mehr auf. Dadurch wird der Teig klebrig und geht nicht richtig auf.

MINI-GUGELS *mit Kaffeelikör-Creme*

Man soll den Tag nicht vor dem Abend loben – schon gar nicht, wenn man vom Likör genascht hat. Aber diese Gugels sind so unverschämt gut, da machen wir vor spontaner Begeisterung mal eine Ausnahme.

• •

Für ca. 12 Stück

80 g	**Zartbitterschokolade (72 % Kakaoanteil)**
80 ml	**Milch**
150 ml	**Kaffee-Sahne-Likör (ersatzweise Schlagsahne + 2 TL lösliches Kaffeepulver)**
220 g	**Weizenmehl Type 405**
2 Pckg.	**Karamellpuddingpulver**
20 g	**Backkakao**
1 Pckg.	**Backpulver**
1 Prise	**Salz**
200 g	**weiche Butter**
130 g	**Zucker**
3	**Eier (Größe M)**
400 ml	**Schlagsahne**
2 Pckg.	**Sahnesteif**
2 Pckg.	**Bourbon-Vanillezucker**
3 EL	**Schokoraspel**

Zubereitung: ca. 55 Minuten

Utensilien: 12 Mini-Gugelhupfformen Ø 7 cm, Spritzbeutel mit Sterntülle 8 mm

Pro Stück: ca. 460 kcal, 5 g E, 29 g F, 30 g KH

1 Backofen auf 180 Grad (Umluft 160) vorheizen. Schokolade fein hacken. Milch mit 50 ml Likör in einem Topf kurz aufkochen. Vom Herd nehmen, Schokolade zugeben und darin schmelzen.

2 Das Mehl mit Pudding-, Kakao- und Backpulver sowie 1 Prise Salz mischen. Butter und Zucker mit dem Handmixer auf höchster Stufe sehr cremig schlagen. Eier nacheinander zugeben und jeweils gut unterrühren. Schokoladenmilch und Mehlmischung kurz unterrühren.

3 Den Teig in die Mini-Gugelhupfformen füllen und glatt streichen. Auf der zweiten Schiene von unten 20-25 Minuten backen. 10 Minuten in der Form abkühlen lassen, aus den Formen lösen und auf einem Kuchengitter komplett auskühlen lassen.

4 Inzwischen die Schlagsahne mit Sahnesteif und Vanillezucker steif schlagen. Restlichen Likör kurz unterrühren. In den Spritzbeutel füllen und bis zum Servieren kühlen.

5 Vor dem Servieren die Gugelhupfe quer halbieren. Zwei Drittel der Sahnecreme auf die unteren Hälften spritzen, obere Hälften daraufsetzen. Mit der restlichen Sahnecreme Tuffs auf die Küchlein spritzen. Mini-Gugels mit Schokoladenraspel garnieren und servieren.

SIE WOLLEN EINEN GROßEN GUGEL BACKEN? KEIN PROBLEM. AUCH DAFÜR HABEN WIR EIN HERVORRAGENDES REZEPT:

HIMBEER-QUARK-GUGELHUPF

yumtamtam.de/gugelhupf/

VANILLE-TÖRTCHEN *mit Beeren*

Die essbaren Obstkörbchen sind ideal, wenn es mal schnell gehen muss und trotzdem was hermachen soll. Der Blätterteig stammt aus dem Kühlregal und wird mit Vanillepudding gepimpt.

• •

Für ca. 12 Stück

250 g	**Schlagsahne**
250 ml	**Milch**
1 Pckg.	**Vanillepuddingpulver**
50 g	**Zucker**
1	**Eigelb (Größe M)**
1	**Rolle Blätterteig**
	(ca. 375 g, aus dem Kühlregal)
etwas	**Butter für die Form**
300 g	**frische Beeren (z. B. Himbeeren,**
	Heidelbeeren, Erdbeeren, rote
	Johannisbeeren)
	Puderzucker

Zubereitung: ca. 45 Minuten
Utensilien: Muffinblech mit 12 Mulden,
Ausstecher Ø 11 cm
Pro Stück: ca. 236 kcal, 3 g E, 16 g F, 18 g KH

1 Die Schlagsahne und 200 ml Milch aufkochen. 50 ml Milch, Vanillepuddingpulver, Zucker und Eigelb verrühren. Die Mischung zur kochenden Sahnemilch geben und erneut aufkochen. In eine Schüssel umfüllen, dann lauwarm abkühlen lassen.

2 Den Backofen auf 200 Grad (Umluft 180) vorheizen. Den Blätterteig aus dem Kühlschrank nehmen und etwas ruhen lassen, dann entrollen. Ca. 12 Kreise ausstechen, ggf. übrigen Teig aufeinanderlegen, etwas ausrollen und weitere Kreise ausstechen. Die Teigkreise in die Mulden der gefetteten Muffinform legen und leicht andrücken.

3 Die Vanillecreme mit dem Schneebesen gut durchrühren und in die Mulden füllen. Törtchen auf unterster Schiene ca. 20 Minuten backen. Herausnehmen und auf einem Kuchengitter abkühlen lassen.

4 Die Beeren verlesen. Großzügig auf den Törtchen verteilen und mit Puderzucker bestäuben.

Wow!

Mit 50 ml Holunderblüten-
sirup in der Puddingfüllung
verleihen Sie den Törtchen
ein besonders sommerliches
Aroma. Einfach den Sirup nach
dem Kochen unter den
Pudding rühren.

Erdbeer-
HAND-PIES
mit Vanilleeis

Einen Löffel für das Eis, bitte! Das feine Gebäck verschwindet so im Mund, es bleiben nicht mal Krümel.

Für ca. 22 Stück

200 g	**kalte Butter**
400 g	**Weizenmehl Type 405**
	+ etwas zum Arbeiten
1 Prise	**Salz**
3	**Eigelb (Größe M)**
100 g	**Zucker**
150 g	**Erdbeeren**
100 g	**Rhabarber**
1 EL	**Zitronensaft**
6 EL	**Rohrzucker**
4 TL	**Speisestärke**
	Vanilleeis zum Servieren

Zubereitung: ca. 1 Stunde 30 Minuten
+ 1 Stunde Kühlzeit
Utensilien: 2 Backbleche,
2 Ausstecher Ø 6 cm und 6,5 cm
Pro Stück: ca. 185 kcal, 3 g E, 9 g F, 24 g KH

1 Butter klein würfeln. Mit Mehl, 1 kräftigen Prise Salz, 2 Eigelben, 3 EL eiskaltem Wasser und Zucker in einer Schüssel mit den Händen zügig zu einem glatten Teig verkneten. In Folie gewickelt 1 Stunde kalt stellen.

2 Backofen auf 220 Grad (Umluft 200) vorheizen. Für die Füllung die Erdbeeren und den Rhabarber putzen und in 1 cm große Würfel schneiden. Die Früchte mit Zitronensaft, 3 EL Rohrzucker und Stärke vermischen.

3 Teig portionsweise auf einer leicht bemehlten Arbeitsfläche ca. 4 mm dick ausrollen. Mit den Ausstechern von jeder Größe gleich viele Kreise ausstechen. Die kleineren Kreise auf mit Backpapier belegte Backbleche setzen. Die Füllung mit einem Teelöffel mittig auf den Kreisen verteilen, dabei rundherum 1 cm Rand lassen. Die größeren Kreise mit einem Messer kreuzweise einschneiden, über die Füllung legen und den Rand mit einer Gabel fest zusammendrücken.

4 Restliches Eigelb mit 1 EL Wasser verquirlen und die Hand-Pies damit bepinseln. Mit dem restlichen Zucker bestreuen und auf der zweiten Schiene von unten nacheinander 15–20 Minuten goldbraun backen. Lauwarm mit Vanilleeis servieren.

Rhabarber-
CUPCAKES
mit Baiserhaube

Zur Verköstigung kleiner Prinzessinnen, Prinzen und grüner Drachen sind die wie geschaffen …

• • • • • • • • • •

Für 12 Stück

250 g	**Rhabarber**
2	**Eier (Größe M)**
125 g	**Sonnenblumenöl**
200 g	**feiner Zucker**
1 Prise	**gemahlene Vanille**
1 Prise	**Salz**
200 g	**Weizenmehl Type 405**
1 ½ TL	**Backpulver**
2	**Eiweiß (Größe M)**

Zubereitung: ca. 1 Stunde

Utensilien: Muffinblech mit 12 Mulden, 12 Papierförmchen, Spritzbeutel mit Sterntülle, kleiner Gasbrenner

Pro Stück: ca. 350 kcal, 5 g E, 17 g F, 43 g KH

1 Den Backofen auf 180 Grad (Umluft 160) vorheizen. Rhabarber putzen, waschen und in Stücke schneiden. Die Eier in einer Schüssel verquirlen und das Öl unterschlagen. Anschließend 100 g Zucker, Vanille und Salz unterrühren. Mehl mit Backpulver mischen und unterrühren. Rhabarberstücke unterheben.

2 Das Muffinblech mit Papierförmchen auslegen. Den Teig einfüllen und auf der mittleren Schiene 25-30 Minuten backen. Muffins auf einem Kuchengitter abkühlen lassen.

3 Die Eiweiße halb steif aufschlagen. Nach und nach den restlichen Zucker hinzufügen und für 2-3 Minuten weiterschlagen, bis ein glänzender fester Eischnee entsteht. Eischnee in einen Spritzbeutel mit Sterntülle füllen und Häubchen auf die Muffins spritzen. Die Baiserhäubchen mit einem Gasbrenner bräunen oder unter dem heißen Backofengrill kurz grillen.

Obwohl Rhabarber oft als Obst angesehen und in Süßspeisen verarbeitet wird, gehört er aus botanischer Sicht zum Gemüse. Genauer gesagt zum Stängelgemüse - so wie Staudensellerie und Spargel. Der Grund: Es wird der Stängel der Pflanze gegessen, keine Frucht.

GEWÜRZTE NUSSECKEN *mit Orange*

Wenn Sie nicht schnell genug den Kaffee aufgebrüht haben, sind die vorzüglichen Nussecken schon verputzt. Das liegt am tollen Aroma von gemahlenen Nelken und Orangenmarmelade.

• •

Für ca. 32 Stück

Für den Teig:

200 g	**Weizenmehl Type 405** **+ etwas zum Ausrollen**
1 TL	**Backpulver**
30 g	**Backkakao**
100 g	**Zucker**
1 Prise	**Salz**
½ TL	**gemahlene Nelken**
1	**Ei (Größe M)**
100 g	**Butter**

Für den Belag:

300 g	**Nussmischung (Haselnüsse, Walnüsse, Mandel, Cashewnüsse)**
150 g	**Butter**
150 g	**Zucker**
4 EL	**Schlagsahne**
4 EL	**Orangenmarmelade**

Für den Guss:

100 g	**Zartbitterschokolade (72 % Kakaoanteil)**

Zubereitung: ca. 1 Stunde 20 Minuten
Utensilien: Backblech, Backrahmen (alternativ Alufolie in Streifen)
Pro Stück: ca. 205 kcal, 3 g E, 14 g F, 16 g KH

1 Für den Teig Mehl, Backpulver, Kakao, Zucker, Salz und Nelken in einer Schüssel mischen. Übrige Zutaten für den Teig hinzufügen und alles mit den Knethaken des Handmixers zu einem Teig verkneten. Auf einer leicht bemehlten Arbeitsfläche ausrollen (ca. 28 x 28 cm). Ein Backblech mit Backpapier auslegen. Den Teig darauflegen und den Backrahmen um den Teig stellen (alternativ mehrfach gefaltete Alufolie nehmen). Backofen auf 180 Grad (Umluft 160) vorheizen.

2 Zwei Drittel der Nüsse hacken. Restliche Nüsse fein mahlen. Butter mit Zucker und Schlagsahne in einem Topf unter Rühren erhitzen. Die Nüsse unterrühren und die Masse ca. 10 Minuten abkühlen lassen.

3 Den Boden mit der Orangenmarmelade bestreichen und die Nussmischung gleichmäßig darauf verteilen. Auf der mittleren Schiene ca. 25 Minuten backen. Dann herausnehmen und für ca. 20 Minuten auf einem Kuchengitter abkühlen lassen. Nun den Backrahmen (oder die Alufolie) lösen und die Nussecken noch warm zuerst in Quadrate (ca. 7 x 7 cm) schneiden, danach diese diagonal halbieren. Nussecken vollständig auskühlen lassen.

4 Schokolade grob hacken und im Wasserbad bei niedriger Hitze schmelzen lassen. Die Unterseite der Nussecken in die Schokolade tauchen. Die Oberseite mit Schokolade besprenkeln und trocknen lassen.

Schoko-
SHORT-
BREAD
mit Salzkaramell

Teegebäck ist ja traditionell eine Klasse für sich. Aber mit diesem Joker gewinnen Sie jedes Match.

Für ca. 20 Stücke

100 g	**weiche Butter**
100 g	**brauner Zucker**
1 Prise	**Salz**
1	**Ei (Größe M)**
100 g	**Weizenmehl Type 405**
200 g	**Zucker**
½ TL	**feines Meersalz**
40 g	**Butter**
60 g	**Schlagsahne**
2 Pckg.	**Kuchenglasur**
1 TL	**Backkakao**

Zubereitung: ca. 35 Minuten + 1 Stunde Kühlzeit

Utensilien: eckige Backform 20 x 20 cm

Pro Stück: ca. 175 kcal, 1 g E, 10 g F, 19 g KH

1 Backofen auf 190 Grad (Umluft 170) vorheizen. Für das Shortbread Butter, Zucker und Salz mit dem Handmixer cremig rühren. Das Ei unterrühren. Mehl zugeben und verkneten. Teig in die mit Backpapier ausgelegte Backform geben und glatt streichen. Ca. 15 Minuten auf der mittleren Schiene backen und auf einem Kuchengitter auskühlen lassen.

2 Für den Karamell Zucker und 50 ml Wasser mit Meersalz in einen Topf geben, langsam aufkochen und so lange köcheln, bis sich die Masse braun färbt. Dann Butter und Schlagsahne einrühren. Masse auf den Boden geben und 1 Stunde kalt stellen. Die Glasur nach Packungs-anweisung schmelzen, auf dem Shortbread verteilen und glatt streichen. Glasur fest werden lassen und Shortbread in Stücke schneiden. Mit Kakao bestäuben und servieren.

Chocolate
COOKIES
mit Pekannüssen

Weiße und dunkle Schokolade,
süße Pekannüsse und Kardamom:
Hier rockt der neue Keks-Hit!

• • • • • • • • • • • •

Für ca. 12 Stück

50 g	**Pekannüsse**
je 50 g	**weiße und dunkle Schokolade**
125 g	**weiche Butter**
75 g	**brauner Zucker**
1 Pckg.	**Bourbon-Vanillezucker**
½ TL	**Salz**
1	**Ei (Größe M)**
175 g	**Mehl**
½ TL	**Backpulver**
1 TL	**gemahlener Kardamom**

Zubereitung: ca. 30 Minuten
Utensilien: 2 Backbleche
Pro Stück: ca. 229 kcal, 3 g E, 14 g F, 23 g KH

1 Backofen auf 200 Grad (Umluft 180) vorheizen. Zwei Backbleche mit Backpapier auslegen. Nüsse und beide Schokoladensorten grob hacken. Butter, Zucker, Vanillezucker und Salz cremig rühren. Das Ei ca. 30 Sekunden lang unterrühren. Mehl, Backpulver und Kardamom mischen und kurz unterrühren. Nüsse und Schokolade unterheben.

2 Auf jedes Blech mit einem Esslöffel je ca. 6 golfballgroße Häufchen setzen, dazwischen ausreichend Abstand lassen. Häufchen auf dem Blech flach drücken und nacheinander 10–12 Minuten in der Mitte des Ofens backen.

3 Die Cookies nach dem Backen sofort mit dem Backpapier von den Blechen auf ein Kuchengitter ziehen und auskühlen lassen.

Aha!

Das runde Gebäck wird oft mit England und dem berühmten „afternoon tea" (Teestunde am Nachmittag) in Verbindung gebracht. Dabei stammen Scones eigentlich aus Schottland, wo sie ursprünglich als ein großes Brot mit Haferflocken gebacken wurden.

MÖHREN-
SCONES *mit Nussbutter*

Die Trendfarbe Gelb ist aktuell auch in der Scones-Branche angekommen. Kurkuma bringt den Teig zum Leuchten, das kräftige Lila der Heidelbeere lässt uns schwärmen.

• •

Für ca. 10 Stück

Für die Scones:

350 g	**Möhren**
30 g	**Zucker**
450 g	**Dinkelmehl Type 630** **+ etwas zum Ausrollen**
½ TL	**Salz**
½ TL	**Kurkuma**
2 TL	**Weinstein-Backpulver**
125 g	**kalte Butter**
1	**Ei (Größe M)**
ca. 2 EL	**Milch**

Für die Nussbutter:

40 g	**Nussmischung (z. B. mit Cashew-** **kernen, Mandeln, Paranuss-,** **Walnuss- und Haselnusskernen)**
2 EL	**Puderzucker**
125 g	**weiche Butter**
1 Pckg.	**Vanillezucker**
1 TL	**abgeriebene Bio-Orangenschale**
1 EL	**Zitronensaft**
5 EL	**Heidelbeerkonfitüre**

Zubereitung: ca. 1 Stunde

Utensilien: Backblech, Ausstecher Ø 7 cm

Pro Stück: ca. 425 kcal, 9 g E, 25 g F, 42 g KH

1 Die Möhren schälen und in ca. 2 cm dicke Scheiben schneiden. In einem Topf leicht mit Wasser bedecken, aufkochen und zugedeckt ca. 20 Minuten garen, bis die Möhren weich sind. Möhren abgießen, fein pürieren und abkühlen lassen.

2 Zucker, Mehl, Salz, Kurkuma und Backpulver miteinander verrühren. Die Butter würfeln, mit der Masse mischen und die Würfel zügig zwischen den Händen zerreiben. Abgekühlte Möhren und Ei hinzugeben und alles zu einem glatten Teig verkneten.

3 Backofen auf 200 Grad (Umluft 180) vorheizen. Den Teig auf einer bemehlten Fläche ca. 3 cm dick ausrollen. 10 Kreise ausstechen und auf ein mit Backpapier belegtes Backblech setzen. Die Scones mit Milch bestreichen. Auf der mittleren Schiene 20 Minuten backen.

4 Für die Butter die Nüsse grob hacken und in einer Pfanne ohne Fett rösten. Mit Puderzucker bestäuben und karamellisieren lassen. Nüsse mit einem Holzlöffel auf einem Blatt Backpapier verteilen und auskühlen lassen. Etwas feiner hacken. Butter mit den Quirlen des Handmixers cremig schlagen. Vanillezucker, Orangenschale, Zitronensaft und Nüsse unterrühren.

5 Die Scones etwas abkühlen lassen und aufschneiden. Noch warm mit der Nussbutter und Konfitüre bestreichen und servieren.

MINI-WINDBEUTEL *mit Himbeerfüllung*

Manchmal werden Träume wahr. Und bereits während der Zubereitung dieses Gebäcks summt man leise eine entspannte Melodie, wohl wissend, dass nur verliebte Küsse besser schmecken.

• •

Für ca. 20 Stück

40 g	**Butter**
1 Prise	**Salz**
80 g	**Weizenmehl Type 405**
2	**Eier (Größe M)**
100 g	**Puderzucker**
1 EL	**Heidelbeersaft**
200 g	**Schlagsahne**
1 Pckg.	**Vanillezucker**
2 EL	**Himbeerkonfitüre**

Zubereitung: ca. 1 Stunde 30 Minuten

Utensilien: Backblech, Spritzbeutel mit Lochtülle (1 cm), Einwegspritzbeutel

Pro Stück: ca. 95 kcal, 1 g E, 5 g F, 10 g KH

1 Backofen auf 200 Grad (Umluft 180) vorheizen. 125 ml Wasser mit der Butter und 1 Prise Salz aufkochen. Das Mehl auf einmal zugeben. Mit einem Holzlöffel kräftig rühren, bis ein Teigkloß entsteht und sich eine weiße Schicht am Topfboden bildet. Den Teig in eine Schüssel geben und etwas abkühlen lassen. Die Eier mit dem Handmixer nacheinander unterrühren.

2 Teig in den Spritzbeutel füllen. Auf ein mit Backpapier belegtes Blech ca. 20 walnussgroße Tuffs spritzen und ca. 3 cm Abstand dazwischen lassen. Auf mittlerer Schiene ca. 20 Minuten goldbraun backen. Auf dem Blech auskühlen lassen.

3 Puderzucker mit dem Heidelbeersaft und einigen Teelöffeln Wasser glatt rühren, sodass ein zähflüssiger Guss entsteht. Die Windbeutel kopfüber zu einem Drittel in den Guss hineintunken, abtropfen und auf einem Stück Backpapier trocknen lassen.

4 Die Windbeutel mit einem Sägemesser waagerecht halbieren. Schlagsahne mit Vanillezucker steif schlagen. Konfitüre grob unterrühren. In einen Einwegspritzbeutel füllen. Himbeersahne kurz vor dem Servieren auf die untere Hälfte der Windbeutel spritzen und die Deckel daraufsetzen.

Brandteig ist zwar eine Diva – öffnet man den Ofen beim Backen, fällt er zusammen –, dafür lässt er sich aber vielseitig füllen. Seinen Namen erhielt er durch die spezielle Zubereitung, denn der Teig wird im Topf zunächst erhitzt und dann „abgebrannt".

AUCH FRUCHTIG, ABER OHNE SCHWIPS. EINE WEITERE
VERSION DES TRENDGEBÄCKS FINDEN SIE HIER:

BLAUE MACARONS

edeka.de/macarons

Himbeer-
MACARONS
mit Glühweinfüllung

Ein Schuss Rotwein darf es sein,
wenn Sie original französisches
Gebäck zubereiten. Bon appétit!

• • • • • • • • • • •

Für ca. 20 Stück

Für die Macarons:

150 g	**gemahlene Mandeln**
150 g	**Puderzucker**
2	**Eiweiß (Größe M)**
1 Prise	**Salz**
	rote Speisefarbe
etwas	**Butter**

Für die Glühweinfüllung:

50 ml	**trockener Rotwein**
	(ersatzweise Kirschsaft)
100 g	**feiner Zucker**
½ TL	**Glühweingewürz**
150 g	**weiche Butter**

Zubereitung: ca. 1 Stunde 20 Minuten
+ 10 Minuten Kühlzeit

Utensilien: Backbleche, 2 Einwegspritzbeutel

Pro Stück: ca. 152 kcal, 2 g E, 10 g F, 13 g KH

1 Mandeln mit 100 g Puderzucker im Mixer sehr fein mahlen und durch ein feines Sieb streichen, sodass keine groben Stückchen mehr enthalten sind. Eiweiße und Salz schaumig schlagen. Dabei den übrigen Puderzucker einrieseln lassen und die Masse steif schlagen.

2 Mandelmischung in 2 Portionen mit einigen Tropfen Speisefarbe unter den Eischnee heben. Backofen auf 100 Grad (Umluft 80) vorheizen.

3 Backbleche mit Backpapier auslegen und mit wenig Butter dünn einfetten. Macaronmasse in einen Spritzbeutel füllen und die Spitze abschneiden. Ca. 40 Tupfen auf die Bleche spritzen. Im Ofen auf der zweiten Schiene von unten 15 Minuten trocknen lassen. Temperatur auf 200 Grad (Umluft 180) erhöhen. Die Macarons 8–10 Minuten backen. Abkühlen lassen, dann vorsichtig vom Blech lösen.

4 Für die Füllung Wein, Zucker und Gewürz in einem Topf 5 Minuten einkochen lassen. Abkühlen lassen, bis die Füllung lauwarm ist. Butter schaumig rühren, dabei den Glühweinsirup einfließen lassen. Die Glühweinbutter in einen Spritzbeutel füllen und 10 Minuten kalt stellen. Auf die Hälfte der Macarons spritzen und mit den übrigen Macarons belegen. Im Kühlschrank fest werden lassen.

Gewürz-
MACARONS
mit Spekulatiusfüllung

Spekulieren Sie nicht lange!
Backen Sie gleich beide Sorten. Man
wird Sie dafür doppelt anbeten.

Für ca. 20 Stück

Für die Macarons:

150 g	**gemahlene Mandeln**
150 g	**Puderzucker**
2	**Eiweiß (Größe M)**
1 Prise	**Salz**
1 EL	**Backkakao**
1 TL	**Spekulatiusgewürz**
etwas	**Butter**

Für die Spekulatiusfüllung:

100 g	**weiche Butter**
100 g	**Spekulatiuscreme**

Zubereitung: ca. 1 Stunde 20 Minuten
+ 10 Minuten Kühlzeit

Utensilien: Backbleche, 2 Einwegspritzbeutel

Pro Stück: ca. 125 kcal, 2 g E, 9 g F, 8 g KH

1 Mandeln mit 100 g Puderzucker im Mixer sehr fein mahlen und durch ein feines Sieb streichen, sodass keine groben Stückchen mehr enthalten sind. Eiweiße und Salz schaumig schlagen. Dabei den übrigen Puderzucker einrieseln lassen und die Masse steif schlagen.

2 Kakaopulver und Spekulatiusgewürz mischen. Mandelmischung in 2 Portionen abwechselnd mit der Spekulatiusmischung unter den Eischnee heben.

3 Backofen auf 100 Grad (Umluft 80) vorheizen. Backbleche mit Backpapier auslegen und mit wenig Butter dünn einfetten. Macaronmasse in einen Spritzbeutel füllen und die Spitze abschneiden. Ca. 40 Tupfen auf die Bleche spritzen. Auf der zweiten Schiene von unten 15 Minuten trocknen lassen. Die Temperatur auf 200 Grad (Umluft 180) erhöhen. Die Macarons 8-10 Minuten backen. Abkühlen lassen, dann vorsichtig vom Blech lösen.

4 Für die Füllung Butter und Spekulatiuscreme verrühren und aufschlagen. Spekulatiusbutter in einen Spritzbeutel füllen und 10 Minuten kalt stellen. Auf die Hälfte der Macarons spritzen und mit den übrigen Macarons belegen. Im Kühlschrank fest werden lassen.

O du fröhliche!

FESTLICHES GEBÄCK

Hiermit wird das Kapitel für Plätzchen und Gebäck feierlich aufgeschlagen! Baumkuchen, Vanillekipferl oder Pfeffernüsse sind im Handumdrehen gemacht. Backen Sie gemeinsam – das füllt die Vorräte und hebt die Stimmung.

BAUMKUCHEN-ECKEN *mit Marzipan*

Gewinnen Sie in diesem Jahr doch mal den Back-Oscar, Goldstaub und Goldglitter liegen schon bereit!
Und wie bei jedem großen Werk führen Geduld und Begeisterung auch hier zum Erfolg.

• •

Für 1 Kuchen (ca. 48 Stücke)

Für den Teig:

200 g	**weiche Butter + etwas für die Form**
5	**Eier (Größe M)**
100 g	**Marzipanrohmasse**
200 g	**Zucker**
1 Prise	**Salz**
200 g	**Weizenmehl Type 405 + etwas für die Form**
50 g	**Speisestärke**
2 TL	**Backpulver**

Für die Glasur:

350 g	**Zartbitter-Couverture**
100 g	**Vollmilch-Couverture**
	Goldstaub bzw. Goldglitter (nach Belieben)

Zubereitung: ca. 2 Stunden

+ 2 Stunden Kühlzeit

Utensilien: eckige Backform 20 x 20 cm

Pro Stück: ca. 133 kcal, 2 g E, 7 g F, 15 g KH

1 Backofengrill vorheizen oder alternativ den Backofen auf 250 Grad (Umluft 230) vorheizen. Den Boden der Form mit Backpapier auslegen, die Seiten buttern.

2 Für den Teig die Eier trennen. Marzipan mit Butter cremig rühren. Dann Eigelbe, Zucker und Salz zugeben und cremig schlagen. Mehl, Stärke und Backpulver mischen und unterrühren. Eiweiße steif schlagen und unter den Teig heben.

3 Auf dem Boden der Form 2-3 EL Teig verteilen. Die erste Schicht 1-2 Minuten auf der zweiten Schiene von oben backen, bis sie goldbraun ist. Die Form (sehr heiß!) aus dem Ofen nehmen, wiederum 2-3 EL Teig darauf verteilen und wieder 1-2 Minuten backen. Den Vorgang wiederholen, bis der Teig komplett aufgebraucht ist und ca. 15 Schichten entstanden sind. Herausnehmen und 2 Stunden abkühlen lassen.

4 Den Baumkuchen aus der Form lösen und in vier gleich große Streifen schneiden. Die Streifen in spitze Dreiecke schneiden. Couverture getrennt hacken und im Wasserbad schmelzen. Baumkuchen mit Zartbitter-Couverture überziehen und trocknen lassen. Dann mit Vollmilch-Couverture besprenkeln und mit Goldstaub bzw. Goldglitter verzieren und trocknen lassen.

SCHICHT AUF SCHICHT Das Besondere am Baumkuchen sind seine Schichten. Damit diese gut gelingen, braucht man Geduld und den Backofengrill. Am besten den Teig mithilfe eines Tortenhebers dünn in der Form verstreichen, dann werden die Schichten schön gleichmäßig. Beim Übergrillen sollte der Abstand zum Grill ca. 20 cm betragen. Da die Bräunung sehr schnell gehen kann, den Teig im Auge behalten. Tipp: Den Teig nicht zu hell backen, sonst ist er nicht gar, und die Schichten sind kaum erkennbar.

Helle & dunkle
STEMPEL-PLÄTZCHEN

Die mustergültigen Plätzchen sind vielseitig einsetzbar: als Einstieg in die Weihnachtsbäckerei für die Kleinsten, als Anhänger für den Weihnachtsbaum oder als Geschenk zum Julklapp.

• •

Für ca. 50 Stück

200 g	**Weizenmehl Type 405**
	+ etwas Mehl für die Stempel
150 g	**Speisestärke**
1 TL	**Backpulver**
100 g	**kalte Butter**
120 g	**Zucker**
1 Prise	**Salz**
2 EL	**Milch**
1	**Ei (Größe M)**
1 EL	**Backkakao**

Zubereitung: ca. 1 Stunde 10 Minuten
+ 1 Stunde Kühlzeit

Utensilien: Plätzchenausstecher Ø 3-4 cm, (Keks-)Stempel

Pro Stück: ca. 52 kcal, 0,5 g E, 1 g F, 9 g KH

1 Mehl, Stärke und Backpulver mischen. Butter würfeln und mit dem Mehlgemisch, Zucker, Salz, Milch und Ei zu einem glatten Teig verkneten. Den Teig halbieren und unter eine Hälfte den Kakao kneten. Beide Teige in Folie wickeln und für ca. 1 Stunde kalt stellen.

2 Den Backofen auf 200 Grad (Umluft 180) vorheizen. Zwei Backbleche mit Backpapier auslegen. Teige getrennt und portionsweise zwischen zwei Lagen Backpapier ca. 3 mm dick ausrollen. Runde Plätzchen ausstechen und mit bemehlten Stempeln Muster in die Mitte drücken. Sollte der Teig zu sehr kleben, den Teig nach dem Ausrollen und ggf. nach dem Bestempeln einfach für wenige Minuten in den Kühlschrank legen.

3 Die Plätzchen auf die Bleche legen. Nacheinander auf der mittleren Schiene ca. 10 Minuten backen. Auf Kuchengittern auskühlen lassen.

SCHRITT FÜR SCHRITT ZUM PERFEKTEN MÜRBETEIG. UNSER EXPERTE ZEIGT IN DIESEM VIDEO, WIE'S GEHT!
KLASSISCHER MÜRBETEIG
edeka.de/muerbeteig

SCHOKO-PLÄTZCHEN
mit Marshmallow-Haube

Diese Exemplare werden Sie in Schwierigkeiten bringen, denn es werden immer zu wenige sein. Auch deshalb gibt es hier ein Rezept für ca. 60 Stück.

• •

Für ca. 60 Stück

70 g	**Zartbitter-Couverture**
100 g	**Butter**
½ TL	**Salz**
80 g	**Puderzucker**
1	**Ei (Größe M)**
75 g	**fein gemahlene Mandeln**
½ TL	**Zimt**
25 g	**Backkakao**
125 g	**Weizenmehl Type 405**
1 Msp.	**Natron**
200 g	**weiße Couverture**
1 EL	**Sonnenblumenöl**
½ Glas	**gekühltes Marshmallow-Fluff**
20 g	**Pistazienkerne**

Zubereitung: ca. 1 Stunde 15 Minuten
+ 20 Minuten Kühlzeit
Utensilien: Backblech, Spritzbeutel mit mittlerer Lochtülle
Pro Stück: ca. 67 kcal, 1 g E, 4 g F, 6 g KH

1 Dunkle Couverture hacken. 40 g davon mit Butter im heißen Wasserbad schmelzen. Dann mit Salz, Puderzucker und Ei in der Küchenmaschine oder mit dem Handmixer cremig aufschlagen. Mandeln, Zimt, Kakao, Mehl und Natron mischen und unter den Teig kneten.

2 Den Teig zu Rollen formen (Ø ca. 3 cm) und in Frischhaltefolie gewickelt 20 Minuten kühlen. Backofen auf 180 Grad (Umluft 160) vorheizen.

3 Den Teig auswickeln und in ca. 0,7 cm dicke Scheiben schneiden. Die Scheiben auf zwei mit Backpapier belegte Bleche geben und mit dem Finger mittig kleine Mulden hineindrücken. Auf der mittleren Schiene ca. 12 Minuten backen, dann abkühlen lassen.

4 Weiße Couverture hacken und über dem Wasserbad schmelzen. Etwas abkühlen lassen und dann das Öl unterrühren. Marshmallow-Fluff in den Spritzbeutel füllen und jeweils einen Klecks auf die Plätzchenmitte spritzen. Die Plätzchen sofort mit der Marshmallowschicht nach unten in die weiße Couverture tauchen, abtropfen und auf einem Kuchengitter trocknen lassen.

5 Restliche dunkle Couverture schmelzen und mit einem kleinen Spritzbeutel oder einem Löffel in Linien über die Plätzchen träufeln. Pistazien halbieren, auf die Plätzchen setzen und trocknen lassen. Plätzchen kühl aufbewahren.

Klassische PFEFFERNÜSSE

Dieses Weihnachtsgebäck belegt immer einen der vorderen Plätze in der Familienauswahl. Das Rezept reicht für etwa 50 Stück – mal sehen, ob an Heiligabend noch welche da sind.

• •

Für ca. 50 Stück

80 g	**Butter**
100 g	**flüssiger Honig**
70 g	**Zucker**
250 g	**Weizenmehl Type 405**
½ TL	**Hirschhornsalz**
je 1 Msp.	**gemahlene Nelken, Anis und Kardamom**
2 TL	**Zimt**
½ TL	**gemahlener weißer Pfeffer**
80 g	**Puderzucker**

Zubereitung: ca. 40 Minuten
+ 12 Stunden Kühlzeit
Utensilien: 2 Backbleche
Pro Stück: ca. 49 kcal, 0.5 g E, 1 g F, 9 g KH

1 Die Butter, den Honig und den Zucker in einem Topf aufkochen und unter Rühren so lange erhitzen, bis der Zucker sich aufgelöst hat. Mehl, Hirschhornsalz und Gewürze mischen, zu dem Butter-Honig-Gemisch geben und alles zu einem glatten Teig kneten. Auskühlen lassen. Teig zu einer ca. 56 cm langen Rolle (Ø ca. 3 cm) formen, halbieren und jeweils in Folie gewickelt über Nacht kalt stellen.

2 Backofen auf 180 Grad (Umluft 160) vorheizen. Zwei Backbleche mit Backpapier auslegen. Teigrollen in ca. 1 cm dicke Scheiben aufschneiden. Scheiben jeweils zu Kugeln formen und mit etwas Abstand auf die Bleche legen. Nacheinander auf der mittleren Schiene 8–10 Minuten backen. Auf Kuchengittern auskühlen lassen.

3 Den Puderzucker mit 2–3 EL heißem Wasser verrühren. Pfeffernüsse damit dünn bepinseln und trocknen lassen.

 *Aha!*

Hart wie Nüsse und mit einer Prise Pfeffer. So erklärt sich der Name des Gebäcks. Früher war Pfeffer ein teures Gewürz, und mit einer unter das Mehl gemengten Prise zeigten wohlhabende Familien ihren Reichtum. Nach dem Backen sind die Pfefferkuchen dann so hart, dass sie wie Nüsse aneinanderklappern.

Klassische VANILLE-KIPFERL

Für Kipferl hat fast jede Familie ein uraltes Rezept. Wie schön, dass sie fast gleich und trotzdem einzigartig sind.

• • • • • • • • • • • • • •

Für ca. 40 Stück

200 g	**kalte Butter**
200 g	**Weizenmehl Type 405**
	+ etwas zum Ausrollen
100 g	**gemahlene Mandeln**
80 g	**Zucker**
2	**Eigelb (Größe M)**
1	**Vanilleschote (Mark)**
1 Prise	**Salz**
	Puderzucker

Zubereitung: ca. 1 Stunde 20 Minuten
+ 1-2 Stunden Kühlzeit
Utensilien: Backblech
Pro Stück: ca. 83 kcal, 1 g E, 6 g F, 6 g KH

1 Die Butter klein würfeln und mit Weizenmehl, Mandeln, Zucker, den Eigelben, Vanillemark und Salz zu einem Teig verkneten. Teig halbieren und auf einer leicht bemehlten Arbeitsfläche zu dicken Rollen formen. In Folie verpackt 1-2 Stunden in den Kühlschrank legen.

2 Den Backofen auf 180 Grad (Umluft 160) vorheizen. Ein Backblech mit Backpapier auslegen (oder ein großes Schneidebrett nehmen, das in den Kühlschrank passt). Eine Teigrolle in 15-20 Stücke bzw. Scheiben schneiden. Diese Stücke in der Hand jeweils kurz durchkneten, zu einer Kugel formen und dann zu kleinen Rollen mit dünnen Enden ausrollen. Röllchen zu Kipferln biegen und leicht flach drücken. Die Vanillekipferl auf das Blech legen und 20 Minuten kalt stellen. Die zweite Rolle ebenso verarbeiten.

3 Die Kipferl auf der mittleren Schiene 10-12 Minuten backen, bis die Enden braun werden. Auf dem Backblech komplett abkühlen lassen. Dann mit Puderzucker bestäuben.

Mandel-SPITZ-BUBEN

Johannisbeergelee lässt sie wie kleine Blumen erscheinen, das dunkle Rot passt gut zum Advent.

· · · · · · · · · · · ·

Für ca. 40 Stück

Für den Teig:

125 g	**kalte Butter**
200 g	**Weizenmehl Type 405**
	+ etwas für die Form
75 g	**gemahlene Mandeln**
1 Prise	**Salz**
125 g	**Puderzucker**
1	**Ei (Größe M)**

Außerdem:

200 g	**rotes Johannisbeergelee**
	Puderzucker

Zubereitung: ca. 1 Stunde
+ 1 Stunde Kühlzeit
Utensilien: Ausstecher Ø ca. 6 cm und Ø ca. 3 cm
Pro Stück: ca. 66 kcal, 1 g E, 4 g F, 7 g KH

1 Die Butter in Stückchen schneiden. Mehl, Mandeln, Salz und Puderzucker in eine Schüssel geben. Butter und Ei dazugeben und zuerst alles mit den Knethaken des Handmixers, dann mit den Händen zügig zu einem glatten Teig verkneten. Teig in Folie wickeln und 1 Stunde kalt stellen.

2 Backofen auf 180 Grad (Umluft 160) vorheizen. Den Teig auf einer leicht bemehlten Arbeitsfläche portionsweise dünn ausrollen. Mithilfe eines Ausstechers Kreise ausstechen. Bei der Hälfte der Teigkreise in der Mitte einen kleinen Kreis (Ø ca. 3 cm) ausstechen. Reste verkneten und ebenso verarbeiten.

3 Die Kekse auf mit Backpapier ausgelegte Backbleche verteilen und nacheinander auf der mittleren Schiene ca. 10 Minuten backen. Herausnehmen und auf einem Kuchengitter abkühlen lassen.

4 Gelee in einem Topf aufkochen, etwas abkühlen lassen und die Kekse ohne Loch damit bestreichen. Die Kekse mit Loch mit Puderzucker bestäuben und auf die bestrichenen Kekse setzen. Das Loch mit etwas Gelee auffüllen, dafür Gelee ggf. noch einmal erwärmen.

Orangen—
LEBKUCHEN mit Ingwer

Große und kleine Kinder, aufgepasst! Ihr könnt eure eigene Weihnachtswerkstatt eröffnen und diese Lebkuchen nach Herzenslust verzieren. Zum Verschenken, Dekorieren und Aufessen!

Für ca. 40 Stück

Für den Teig:

50 ml	**Orangensaft**
150 g	**brauner Zucker**
100 g	**flüssiger Honig**
150 g	**Butter**
½ TL	**Natron**
1 Prise	**Salz**
300 g	**Weizenmehl Type 550**
	+ etwas zum Ausrollen
100 g	**Roggenmehl Type 1150**
3 TL	**Lebkuchengewürz**
1 TL	**gemahlener Ingwer**

Für den Guss:

500 g	**Puderzucker**
2	**Eiweiß (Größe M)**
etwas	**Zitronensaft**
	Speisefarbe, bunte Crispies
	+ Zuckerstreusel (nach Belieben)

Zubereitung: ca. 50 Minuten + 12 Stunden Kühlzeit

Utensilien: Backblech, verschiedene Ausstecher

(z. B. Glocken, Sterne)

Pro Stück: ca. 135 kcal, 1 g E, 3 g F, 25 g KH

1 Orangensaft, Zucker und Honig in einem Topf aufkochen. Vom Herd nehmen und die Butter einrühren. Natron und Salz dazugeben, in eine Rührschüssel umfüllen und lauwarm abkühlen lassen. Beide Mehlsorten und die Gewürze mit dem Handmixer unterkneten. Den Teig in Folie wickeln und über Nacht kalt stellen.

2 Backofen auf 200 Grad (Umluft 180) vorheizen. Den Teig auf einer bemehlten Arbeitsfläche ca. 5 mm dick ausrollen. Plätzchen ausstechen und eventuell kleine Löcher zum Aufhängen in den Teig stechen. Auf mit Backpapier belegte Bleche geben und auf der mittleren Schiene 8-10 Minuten backen. Auf einem Kuchengitter auskühlen lassen.

3 Puderzucker und die Eiweiße mit den Quirlen des Handmixers zu einem glatten Guss verrühren. Falls der Guss zu fest ist, etwas Zitronensaft dazugeben und einrühren. Guss nach Belieben einfärben und die Plätzchen damit bestreichen. Plätzchen mit Zuckerperlen und -streuseln verzieren und trocknen lassen.

> KNUSPER, KNUSPER KNÄUSCHEN ... WER GERADE SO RICHTIG IN
> WEIHNACHTSSTIMMUNG IST, SCHAUT SICH DIESES VIDEO AN:
> ## SELBSTGEMACHTES LEBKUCHENHAUS
> edeka.de/lebkuchenhaus

Kardamom–
SCHNEE-
BÄLLE

Schnuppern Sie mal an gemahlenem Kardamom! Sein Aroma ist so märchenhaft wie diese Bällchen.

· · · · · · · · · · · · ·

Für ca. 30 Stück

150 g	**Weizenmehl Type 405**
1 TL	**Backpulver**
50 g	**Backkakao**
1 Prise	**Salz**
50 g	**gemahlene Haselnüsse**
1 TL	**gemahlener Kardamom**
150 g	**feiner Zucker**
6 EL	**Sonnenblumenöl**
2	**Eier (Größe M)**
1 TL	**lösliches Espressopulver**
50 g	**Puderzucker**

Zubereitung: ca. 45 Minuten + 2 Stunden Kühlzeit

Utensilien: Backblech

Pro Stück: ca. 85 kcal, 2 g E, 3 g F, 4 g KH

1 Für den Teig Mehl, Backpulver, Kakao, Salz, Haselnüsse und Kardamom vermischen.

2 In einer Schüssel Zucker, Öl, Eier und Espressopulver mindestens 5 Minuten mit den Quirlen des Handmixers dick und cremig aufschlagen. Die Mehlmischung portionsweise hinzugeben und zügig unterrühren. Den Teig dann zugedeckt ca. 2 Stunden in den Kühlschrank stellen, damit er fest wird.

3 Backofen auf 180 Grad (Umluft 160) vorheizen. Den Puderzucker in einen tiefen Teller sieben.

4 Vom Teig walnussgroße Stücke mit einem Teelöffel abstechen und zu Kugeln formen. Kugeln rundherum in Puderzucker wälzen, auf ein mit Backpapier belegtes Backblech setzen und auf der mittleren Schiene 12-15 Minuten backen.

Gefüllte
ORANGEN-
KEKSE

Braten, Sekt, Geschenke: Wie soll
ein vergleichsweise kleiner Keks
da punkten? Dieser hier kann es!

• • • • • • • • • • • • •

Für ca. 40 Stück

Für den Teig:

2	**Bio-Orangen**
100 g	**Marzipanrohmasse**
200 g	**Butter**
100 g	**Puderzucker**
4	**Eigelb (Größe M)**
260 g	**Weizenmehl Type 405**
	+ etwas zum Ausrollen

Für die Füllung:

200 g	**Orangenmarmelade**
1	**Bio-Orange**
30 g	**Zucker**
1 TL	**Orangenlikör (nach Belieben)**
50 g	**Puderzucker**

Zubereitung: ca. 1 Stunde

Utensilien: Einwegspritzbeutel

Pro Stück: ca. 105 kcal. 1 g E. 5 g F. 13 g KH

1 Den Backofen auf 190 Grad (Umluft 170) vorheizen. Backblech mit
Backpapier auslegen. Die Orangen heiß abwaschen und die Schale
fein abreiben.

2 Das Marzipan würfeln. Mit der Hälfte der Butter und dem Puderzucker
mit den Quirlen des Handmixers verrühren, bis das Marzipan vollständig aufgelöst ist. Restliche Butter, Orangenschale und die Eigelbe
unterrühren. Mehl durch ein Sieb darüberstreuen und einarbeiten.

3 Den Teig in den Spritzbeutel füllen. Auf das vorbereitete Backblech
ca. 80 Tupfen (Ø ca. 1 cm) spritzen. Plätzchen auf der mittleren
Schiene 10-12 Minuten goldbraun backen. Dann herausnehmen und auf
einem Gitter abkühlen lassen.

4 Die Hälfte der Plätzchen mit Marmelade bestreichen und die
zweite Hälfte daraufsetzen. Die Schale der Orange dünn abschälen
und in feine Streifen schneiden. 40 ml Wasser mit dem Zucker aufkochen. Schale zugeben und einmal aufkochen. Dann die Schale durch ein
Sieb abtropfen lassen. Orange auspressen. 2 EL Saft mit Puderzucker
und evtl. Likör glatt rühren. Plätzchen mit der Glasur bestreichen und
mit gekochten Orangenstreifen verzieren.

ORANGEN-MONDE *mit Schoko-Trüffel-Füllung*

Das Fest der Liebe kann man mit diesen gefüllten Monden ohne Weiteres einige Tage verlängern – vorausgesetzt, in der Keksdose herrscht keine Leere.

• •

Für ca. 45 Stück

150 g	**Zartbitterschokolade (85 % Kakaoanteil)**
130 g	**Schlagsahne**
180 g	**weiche Butter**
30 ml	**Orangenlikör (ersatzweise Orangensaft)**
2	**Bio-Orangen**
100 g	**Gelierzucker 1:1**
250 g	**Weizenmehl Type 405 + etwas zum Ausrollen**
½ TL	**Salz**
½ TL	**gemahlener Kardamom**
100 g	**Puderzucker**
1	**Ei (Größe M)**
70 g	**Mandelblättchen**

Zubereitung: ca. 1 Stunde 10 Minuten
+ 12 Stunden Kühlzeit
Utensilien: Backblech, Mond-Ausstecher
ca. 4,5 cm, Spritzbeutel mit Lochtülle
Pro Stück: ca. 107 kcal, 1 g E, 5 g F, 10 g KH

1 Die Schokolade hacken. Schlagsahne und 30 g Butter aufkochen und über die Schokolade gießen. Rühren, bis die Schokolade geschmolzen ist. Likör untermischen. Einige Stunden oder über Nacht kühlen.

2 Die Orangen heiß abwaschen, 2 EL Schale abreiben und Orangensaft auspressen. In einem Topf 180 ml Saft mit dem Gelierzucker vermischen und unter Rühren 4 Minuten kochen lassen. Dem Gemisch dann 1 EL Orangenschale hinzufügen.

3 Mehl, Salz, Kardamom, Puderzucker, restliche Butter, übrige Orangenschale und das Ei zu einem Teig verkneten. In Folie gewickelt 1 Stunde kühlen. Backofen auf 180 Grad (Umluft 160) vorheizen.

4 Den Teig auf einer leicht bemehlten Arbeitsfläche ca. 0,3 cm dick ausrollen. Monde ausstechen und auf zwei mit Backpapier belegten Backblechen verteilen. Auf der mittleren Schiene ca. 8 Minuten backen. Auf einem Kuchengitter auskühlen lassen.

5 Mandelblättchen auf dem Blech kurz im Backofen goldbraun rösten. Orangenmarmelade etwas erwärmen und die Monde damit auf einer Seite bepinseln. Mit Mandelblättchen bestreuen und auf einem Kuchengitter trocknen lassen.

6 Schokocreme in den Spritzbeutel füllen. Die Hälfte der Monde auf der Unterseite damit bespritzen. Mit den übrigen Plätzchen zusammensetzen, leicht andrücken und 1 Stunde kühlen. Monde kühl aufbewahren.

KURZ UND SCHMERZLOS Mürbeteig nur kurz verkneten. Da der Teig viel Fett enthält, wird er durch langes Kneten und Handwärme schnell weich, bleibt leicht kleben und lässt sich schwer ausrollen. Um zu weichen Teig wieder fester werden zu lassen, kühlen Sie ihn ein wenig. Wichtig: Nicht zu viel zusätzliches Mehl unterkneten, das macht den Teig bröselig. Mürbeteig am besten portionsweise ausrollen und den Rest immer wieder kalt stellen.

BERGAMOTTE-SABLÉS *mit Zuckerguss*

Die Wiege dieser Mischung steht in Sablé-sur-Sarthe und ist seit 1670 überliefert. Der geschmackvolle Sandkeks wird hier mit Earl-Grey-Tee und liebevoller Verzierung in den Adelsstand erhoben.

• •

Für ca. 70 Stück

2 Beutel	**Earl-Grey-Tee**
½ TL	**Vanilleextrakt (ersatzweise Mark ½ Vanilleschote)**
250 g	**Puderzucker**
½ TL	**Meersalz**
250 g	**weiche Butter**
2	**Bio-Limetten**
60 g	**Speisestärke**
250 g	**Weizenmehl Type 405**
	silberne Perlen (nach Belieben)

Zubereitung: ca. 45 Minuten + 30 Minuten Kühlzeit
Utensilien: Backblech, Spritzbeutel mit Lochtülle
Pro Stück: ca. 60 kcal, 0,5 g E, 3 g F, 7 g KH

1 Den Earl-Grey-Tee aus den Beuteln nehmen. Mit Vanilleextrakt, 90 g Puderzucker und Salz im Standmixer fein mahlen. Die Teemischung mit der Butter cremig aufschlagen. Die Limetten heiß abspülen, 1 EL Schale abreiben und die Früchte auspressen. 3 EL Limettensaft mit Schalenabrieb unter die Buttermischung rühren. Speisestärke und Mehl mischen und ebenfalls kurz unterrühren. Den Teig 30 Minuten kalt stellen.

2 Backofen auf 180 Grad (Umluft 160) vorheizen. Den Teig zu ca. 70 kleinen Kugeln formen. Kugeln mit etwas Abstand auf zwei mit Backpapier belegten Backblechen verteilen und flach drücken. Auf der mittleren Schiene ca. 10 Minuten backen und abkühlen lassen.

3 Für den Guss 4 EL Limettensaft und 130 g Puderzucker verrühren. Die Kekse mit der Oberseite hineintauchen. Restlichen Puderzucker unter den Guss rühren und in einen Spritzbeutel mit kleinster Lochtülle füllen. Nach Belieben Muster auf die Plätzchen spritzen und evtl. mit Silberperlen verzieren. Trocknen lassen.

Aha!

Die Bergamotte ist eine seltene Zitrusfrucht. Da ihr Fruchtfleisch extrem sauer und bitter schmeckt, ist sie nicht zum Verzehr geeignet, sondern lediglich das aus der Schale gewonnene Öl. Es verleiht unter anderem dem beliebten Earl-Grey-Tee sein einzigartiges Aroma.

Grundteig ROLLEN-PLÄTZCHEN

1 Grundteig, 3 Varianten – ideal, um mit Kindern die Weihnachtsbäckerei zu betreiben. Lautes Singen nicht vergessen!

• • • • • • • • •

Für 35–45 Stück

150 g	**weiche Butter**
1 TL	**Vanilleextrakt (ersatzweise Mark 1 Vanilleschote)**
1 Prise	**Salz**
70 g	**feiner Zucker**
1	**Eigelb (Größe M)**
250 g	**Weizenmehl Type 405 + etwas zum Ausrollen**
½ TL	**Backpulver**

Zubereitung: ca. 10 Minuten
Pro Stück: ca. 85 kcal, 2 g E, 3 g F, 4 g KH

Butter, Vanille, Salz und Zucker in der Küchenmaschine oder mit dem Handmixer cremig aufschlagen. Eigelb unterrühren. Mehl mit Backpulver mischen und unterkneten.

• •

1 PEKAN-SCHOKO-KEKSE

Für 35–40 Stück

140 g	**Pekannüsse**
100 g	**Luftschokolade**

Zubereitung: ca. 30 Minuten + 30 Minuten Kühlzeit
Utensilien: Backblech
Pro Stück: ca. 90 kcal, 1 g E, 5 g F, 7 g KH

1 Den Grundteig (siehe oben) zubereiten. Die Hälfte der Pekannüsse mahlen und unter den Teig kneten. Die restlichen Pekannüsse und die Luftschokolade grob hacken und unterkneten. Den Teig auf einer leicht bemehlten Arbeitsfläche zu 2 Rollen (Ø ca. 5 cm) formen und in Folie gewickelt 30 Minuten kühlen. Backofen auf 180 Grad (Umluft 160) vorheizen.

2 Die beiden Rollen in ca. 0,5 cm dicke Scheiben schneiden. Auf zwei mit Backpapier belegte Bleche geben und auf der mittleren Schiene ca. 15 Minuten backen. Auskühlen lassen.

2 MOHN-MARZIPAN-SCHNECKEN

Für 35–40 Stück

200 g	**Marzipanrohmasse**
25 g	**gemahlener Mohn**
4 EL	**Amaretto (ersatzweise Orangensaft)**
1	**Eigelb (Größe M)**
2 EL	**Schlagsahne**

Zubereitung: ca. 1 Stunde + 30 Minuten Kühlzeit
Utensilien: Backblech
Pro Stück: ca. 92 kcal, 1 g E, 5 g F, 10 g KH

1 Den Grundteig (siehe links) zubereiten und auf einer leicht bemehlten Arbeitsfläche zum Rechteck (ca. 40 x 25 cm) ausrollen.

2 Marzipan grob raspeln und mit gemahlenem Mohn und dem Amaretto in einem Topf erhitzen, bis die Mischung eine breiartige Konsistenz hat. Die Masse etwas abkühlen lassen und auf dem Mürbeteig verstreichen. Dann den Teig von der langen Seite aus aufrollen, Rolle halbieren und eng in Frischhaltefolie einwickeln. Im Gefrierfach 30 Minuten anfrieren. Backofen auf 180 Grad (Umluft 160) vorheizen.

3 Die Rollen in ca. 0,5 cm dicke Scheiben schneiden und auf einem mit Backpapier belegten Blech verteilen. Eigelb und Sahne verquirlen. Die Teigscheiben damit dünn bestreichen. Auf der mittleren Schiene ca. 15 Minuten backen.

• •

3 NOUGAT-KOKOS-TALER

Für 35–40 Stück

200 g	**Nuss-Nougat-Masse**
50 g	**Kokoschips**
50 g	**Cranberries**
50 g	**Haselnusskrokant**

Zubereitung: ca. 1 Stunde + 40 Minuten Kühlzeit
Utensilien: Backblech
Pro Stück: ca. 100 kcal, 1 g E, 6 g F, 10 g KH

1 Den Grundteig (siehe links) zubereiten. Die Hälfte des Nougats im Wasserbad schmelzen und unter den Teig kneten. Dann 20 Minuten abkühlen lassen. Übriges Nougat im Gefrierfach 10 Minuten anfrieren.

2 Kokoschips und Cranberries unter den Teig kneten. Den gefrorenen Nougat in Würfel schneiden und rasch unterkneten. Den Teig auf einer leicht bemehlten Arbeitsfläche zu 2 Rollen (Ø ca. 5 cm) formen. Haselnusskrokant auf einen flachen Teller geben. Die Teigrollen darin wälzen, in Folie einwickeln und 30 Minuten kühlen. Den Backofen auf 180 Grad (Umluft 160) vorheizen.

3 Die Teigrollen auswickeln und in ca. 0,5 cm dicke Scheiben schneiden. Teigscheiben auf ein mit Backpapier belegtes Blech legen. Auf der mittleren Schiene ca. 15 Minuten backen.

Himbeer-
BERLINER

„Schatz, hast du die Berliner bestellt? Wir brauchen mindestens 20!" – „Nein, die machen wir diesmal selbst. Hast du noch etwas Wichtiges auf der To-do-Liste?" – „Ja, ein glückliches neues Jahr!"

• •

Für 16–20 Stück

Für den Teig:

100 g	**Butter**
550 g	**Weizenmehl Type 405**
	+ etwas zum Ausrollen
75 g	**Zucker**
1 Prise	**Salz**
250 ml	**Milch**
1 Würfel	**frische Hefe**
3	**Eigelb (Größe M)**
1 l	**Rapsöl + etwas zum Einpinseln**

Außerdem:

200 g	**Himbeerkonfitüre**
250 g	**Puderzucker**
1–2 EL	**Milch**
	Goldstaub bzw. Goldglitzer
	(nach Belieben)

Zubereitung: ca. 1 Stunde
+ 2 Stunden 30 Minuten Ruhezeit
Utensilien: Spritzbeutel mit dünner, spitzer Tülle für Berliner
Pro Stück: ca. 322 kcal, 4 g E, 15 g F, 43 g KH

1 Für den Teig die Butter schmelzen und abkühlen lassen. Mehl mit Zucker und Salz vermischen. In der Mitte eine Mulde formen. Die Milch lauwarm erwärmen, Hefe hineinbröckeln und alles verrühren, bis sich die Hefe aufgelöst hat. Zuerst die Eigelbe und die abgekühlte Butter in die Mulde geben, dann die Hefemilch dazugießen. Teig für einige Minuten mit den Händen gut verkneten. Eine große, saubere Schüssel mit etwas Öl einpinseln. Die Teigkugel hineinsetzen, mit einem Küchentuch abdecken und an einem warmen Ort 1 ½ Stunden gehen lassen.

2 Den Teig noch einmal durchkneten und weitere 30 Minuten gehen lassen. Erneut durchkneten, dann den Teig auf einer bemehlten Arbeitsfläche ca. 2 cm dick ausrollen. Mit einem Glas (Ø ca. 8 cm) die Berliner ausstechen. Den übrigen Teig verkneten, ausrollen und ausstechen, bis er aufgebraucht ist. Die Berliner dann nochmals 30 Minuten gehen lassen.

3 Währenddessen Rapsöl in einen mittelgroßen Topf füllen und erhitzen. Jeweils 4 Berliner gleichzeitig von beiden Seiten goldbraun ausbacken, herausnehmen und auf einem Kuchengitter abtropfen lassen.

4 Die Konfitüre in einen Spritzbeutel füllen und seitlich mit leichtem Druck in die Berliner spritzen. Für den Guss Puderzucker mit Milch verrühren und in eine kleine Schüssel füllen. Die Berliner hineintunken und nach Belieben mit Goldstaub und Glitzer bestreuen.

HEISSE NUMMER Mit dem richtigen Öl und der passenden Temperatur werden die Berliner ganz leicht zum Geschmacksfeuerwerk. Kokos-, Raps- oder Sojaöl eignen sich perfekt zum Frittieren, weil sie neutral schmecken und einen hohen Rauchpunkt haben, sich also nicht so schnell zersetzen. Wer keine Fritteuse hat, verwendet einen weiten Topf. Ob das Öl heiß genug ist, lässt sich schnell testen. Einfach einen Holzlöffelstiel ins Fett halten: Bilden sich kleine Bläschen am Stiel, kann es losgehen.

Glücks–Stücke

HERZHAFTES

Kräftiges Vollkornbrot, italienisches Ciabatta oder französische Quiche – und das alles selbst gemacht? Mit diesen genialen Rezepten eine leichte Übung.

Wow!
Für Grill-Fans: Wer es geschmacklich intensiver mag, fügt den gerösteten Zwiebeln ¼ TL geräuchertes Paprikapulver hinzu.

Zwiebel-
ROGGENSTANGEN

Zwei Stunden Ruhezeit brauchen die knusprigen Freunde, bevor sie verspeist werden. Was Sie in dieser Zeit tun können? Wir empfehlen ein Craft-Beer-Tasting.

• •

Für ca. 6 Brote (à ca. 18 Scheiben)

1 Würfel	**frische Hefe**
330 ml	**dunkles Craft Beer (ersatzweise alkoholfreies Malzbier)**
350 g	**Vollkornroggenmehl**
350 g	**Weizenmehl Type 1050**
	+ etwas für die Arbeitsfläche
3 TL	**Salz**
150 g	**Roggensauerteig (Fertigprodukt)**
150 g	**Zwiebeln**
1 EL	**Sonnenblumenöl**
2 EL	**Bio-Ahornsirup**
	Pfeffer

Zubereitung: ca. 1 Stunde 30 Minuten

+ ca. 2 Sunden Ruhezeit

Utensilien: Backblech

Pro Brot: ca. 497 kcal, 17 g E. 4 g F. 90 g KH

1 Die Hefe zerbröckeln und mit 120 ml warmem Wasser verrühren. Das Bier erwärmen. Beide Mehlsorten und 3 TL Salz in einer großen Schüssel vermischen. Angerührte Hefe, das Bier und den Sauerteig dazugeben und alles zu einem glatten Teig verkneten. Sollte der Teig zu sehr kleben, noch ein bisschen Mehl einarbeiten. Ist er zu fest, etwas warmes Wasser hinzufügen. Den Teig mit einem feuchten Tuch zugedeckt an einem warmen Ort ca. 1 ½ Stunden gehen lassen.

2 In der Zwischenzeit die Zwiebeln schälen und in dünne Streifen schneiden. Das Öl in einer Pfanne erhitzen, Zwiebeln darin ca. 3 Minuten unter Wenden braten. Den Ahornsirup dazugeben und ca. 2 Minuten einköcheln lassen. Mit Salz und Pfeffer würzen, abkühlen lassen.

3 Den Teig nochmals durchkneten, dabei die Zwiebeln und ggf. etwas Mehl unterkneten. Teig in 6 Portionen teilen und jeweils zu einer ca. 30 cm langen Stange formen. Auf zwei mit Backpapier ausgelegte Bleche legen und nochmals zugedeckt ca. 30 Minuten gehen lassen.

4 Backofen auf 200 Grad (Umluft 180) vorheizen. Stangen nacheinander (oder bei Umluft zusammen) auf der mittleren Schiene ca. 30 Minuten backen. Dabei eine mit heißem Wasser gefüllte Metallschüssel auf den Boden des Ofens stellen. Die Brote herausnehmen und zum Auskühlen sofort mit dem Backpapier auf ein Kuchengitter ziehen.

Italienisches
CIABATTA

Wer stolz sein erstes selbst gebackenes Ciabatta aus dem Ofen holt und dem leisen Knistern beim Abkühlen lauscht, der wird in den Brotback-Fanklub eintreten.

. . . .

Für 2 Brote (à ca. 12 Scheiben)

½ Würfel	**frische Hefe**
1 TL	**Zucker**
425 g	**Weizenmehl Type 550**
	+ etwas zum Bearbeiten
2 TL	**Salz**
2 EL	**Olivenöl**

Zubereitung: ca. 50 Minuten
+ ca. 16 Stunden Ruhezeit

Utensilien: Backblech

Pro Scheibe: ca. 70 kcal, 2 g E, 1 g F, 13 g KH

1 Die Hefe zerbröckeln und mit dem Zucker in 250 ml lauwarmem Wasser auflösen. Zugedeckt 15 Minuten gehen lassen. Mehl, Salz und Öl mit dem Hefewasser 3-4 Minuten zu einem glatten Teig verkneten. Den Teig zugedeckt 12 Stunden im Kühlschrank gehen lassen.

2 Ein Blech mit Backpapier auslegen. Vorsichtig den Teig darauf platzieren und ihn leicht mit Mehl bestäuben. Mit einer Teigkarte halbieren und zu zwei Broten formen, dabei den Teig nicht kneten. Zugedeckt an einem warmen Ort etwa 4 Stunden gehen lassen.

3 Den Backofen auf 225 Grad (Umluft 205) vorheizen. Eine Schüssel mit heißem Wasser unten in den Ofen stellen. Die Brote auf der mittleren Schiene 25–30 Minuten backen. Klingen sie beim Klopfen auf die Unterseite hohl, sind sie fertig. Auf einem Kuchengitter auskühlen lassen.

VARIANTEN

Kräuter-Ciabatta

Ca. 4 TL getrocknete Kräuter der Provence mit dem Mehl mischen. Dann wie oben beschrieben verkneten und weiterverarbeiten.

Mediterranes Ciabatta

50 g abgetropfte, eingelegte, getrocknete Tomaten und 50 g entsteinte schwarze Oliven grob hacken. Mit 1 EL Mehl mischen. Vor dem Gehenlassen unter den Teig kneten und wie oben beschrieben weiterverarbeiten.

DIE NÄCHSTE PARTY STEHT SCHON VOR DER TÜR? DIESES BAGUETTE WIRD IHRE GÄSTE EBENFALLS BEGEISTERN:

KNOBLAUCHBAGUETTE MIT PESTO ▶

edeka.de/knoblauchbaguette

Roggen—
VOLLKORN-
BROT

Feinschmecker ziehen eine Scheibe frisch gebackenes Brot mit Butter und Salz einer Vorspeise vor.

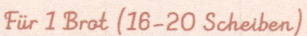

Für 1 Brot (16–20 Scheiben)

350 g	**Roggenvollkornmehl**
250 g	**Weizenvollkornmehl**
	+ etwas für die Form
150 g	**flüssiger Sauerteig**
	(Fertigprodukt)
½ Würfel	**frische Hefe**
2 TL	**Salz**
2 TL	**Brotgewürz**
	Fett für die Form

Zubereitung: ca. 50 Minuten
+ 2 Stunden 15 Minuten Ruhezeit
Utensilien: Kastenform 30 cm
Pro Scheibe: ca. 110 kcal, 4 g E, 0,5 g F, 23 g KH

1 Beide Mehlsorten, Sauerteig, zerbröckelte Hefe, Salz und Brotgewürz verkneten, dabei nach und nach ca. 450 ml lauwarmes Wasser hinzufügen. 5 Minuten zu einem glatten, noch feuchten Teig kneten, dann zugedeckt an einem warmen Ort 1 Stunde gehen lassen. Die Kastenform buttern und dünn mehlen.

2 Den Teig mit den Knethaken des Handmixers nochmals durchkneten, dann in die Kastenform geben. Zugedeckt erneut 60–75 Minuten an einem warmen Ort gehen lassen.

3 Backofen auf 250 Grad (Umluft 230) vorheizen. Brotoberfläche dünn mit Mehl bestäuben. Auf der zweiten Schiene von unten 10 Minuten backen. Ofentemperatur auf 200 Grad (Umluft 180) reduzieren und Brot weitere 20 Minuten backen. Klingt es beim Klopfen auf die Unterseite hohl, ist es fertig. Auf dem Kuchengitter auskühlen lassen.

SAUER MACHT POWER Sauerteig wird aus Mehl und Wasser hergestellt und entwickelt sich über mehrere Tage. Er riecht und schmeckt, wie der Name schon sagt, leicht säuerlich. Sauerteig sorgt bei Broten für mehr Volumen, eine feine Struktur und einen kräftigeren Geschmack. Sauerteigbrote sind auch saftiger und länger haltbar. Sie können Sauerteig übrigens als Fertigprodukt kaufen. Dabei gilt: Je frischer der Sauerteig, desto besser funktioniert er.

CHIA-BROT
ohne Mehl

Brot ohne Mehl? Klar geht das.
Und es schmeckt dank Nüssen und
Kernen auch noch ganz vorzüglich.

· · · · · · · · · · · · ·

Für 1 Brot (ca. 20 Scheiben)

120 g	**Haferflocken**
90 g	**Leinsamen**
150 g	**Sonnenblumenkerne**
60 g	**ganze Mandeln**
40 g	**ganze Haselnüsse**
35 g	**Chia-Samen**
3 EL	**Olivenöl**
1 ½ EL	**Agavendicksaft**

Zubereitung: ca. 1 Stunde 25 Minuten
+ 2 Stunden Ruhezeit

Utensilien: Kastenform 25 cm, Backblech

Pro Scheibe: ca. 238 kcal, 8 g E, 18 g F, 9 g KH

1 Haferflocken, Leinsamen, Sonnenblumenkerne, Mandeln, Haselnüsse und Chia-Samen in einer Schüssel miteinander vermischen. Olivenöl, 400 ml Wasser und Agavendicksaft dazugeben und alles mit einem Löffel gründlich vermengen. Mischung in die Kastenform geben, glatt streichen und zugedeckt an einem warmen Ort für 3 Stunden quellen lassen.

2 Backofen auf 180 Grad (Umluft 160) vorheizen. Brot auf der mittleren Schiene ca. 25 Minuten backen. Danach aus dem Ofen nehmen, vorsichtig aus der Form lösen und auf ein mit Backpapier ausgelegtes Blech legen. Das Brot für weitere 50 Minuten backen, dann aus dem Ofen holen und auf einem Kuchengitter vollständig auskühlen lassen.

IN DER RUHE LIEGT DIE KRAFT Damit das Brot ohne Mehl gelingt und beim Schneiden nicht auseinanderfällt, ist es wichtig, die angegebene Quellzeit einzuhalten. Chia-Samen, Haferflocken, Leinsamen und andere Zutaten können sich so besser miteinander verbinden und ergeben einen „Teig". Quellen die Zutaten länger, ist das kein Problem. Das Brot am besten mit einem sehr scharfen Messer schneiden. Alternativ die Nüsse und Mandeln zu Beginn grob hacken. Im Kühlschrank hält sich das Brot übrigens mehrere Tage.

185

Hafer–
BRÖTCHEN

Brötchenholen fällt während der Feiertage und an Wochenenden ab jetzt aus!

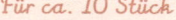

Für ca. 10 Stück

Für den Teig:

450 g	**Dinkelmehl Type 630** + etwas zum Ausrollen
75 g	**zarte Haferflocken**
1 Pckg.	**Trockenhefe**
1 TL	**Salz**
350 ml	**Buttermilch**

Zum Bestreuen:

1 TL	**Sesamsamen**
1 TL	**zarte Haferflocken**
1 TL	**Chia-Samen**
1 TL	**Kürbiskerne**

Zubereitung: ca. 40 Minuten
+ 2 Stunden Minuten Ruhezeit

Utensilien: Backblech

Pro Stück: ca. 206 kcal, 9 g E, 3 g F, 35 g KH

1 Mehl und Haferflocken in eine Schüssel geben. Hefe, Salz und Buttermilch hinzufügen. Alles mit den Knethaken des Handmixers 3 Minuten zu einem glatten Teig verkneten. Teig zugedeckt an einem warmen Ort 1 Stunde 30 Minuten gehen lassen.

2 Hefeteig auf einer leicht bemehlten Arbeitsfläche durchkneten. Teig in 10 Portionen teilen und zu glatten Kugeln formen. Brötchen auf ein mit Backpapier belegtes Blech geben und weitere 30 Minuten gehen lassen.

3 Den Backofen auf 200 Grad (Umluft 180) vorheizen. Dabei eine feuerfeste Schale mit Wasser auf den Boden stellen. Brötchen mit einem Messer zwei- bis dreimal einschneiden, mit Wasser bestreichen und nach Belieben mit Sesam, Haferflocken, Chia-Samen und Kürbiskernen bestreuen. Auf der mittleren Schiene ca. 20 Minuten backen. Die Brötchen anschließend herausnehmen und warm oder kalt servieren.

LECKER IM SCHLAF! ABENDS ZUBEREITET, MORGENS GEBACKEN. SO EINFACH GEHT'S:

OVERNIGHT–BRÖTCHEN
yumtamtam.de/overnight-broetchen/

Dinkel-
FOCACCIA
mit Rosmarin & Oliven

Dieses würzige Fladenbrot beschert uns italienisches Flair: Ferienfeeling aus dem Ofen.

• • • • • • • • • •

Für 1 Brot (4–6 Portionen)

3 Zweige	**Rosmarin**
½ Würfel	**frische Hefe**
1 Prise	**Zucker**
300 g	**Dinkelmehl Type 630**
	+ etwas zum Arbeiten
4 EL	**Olivenöl**
½ TL	**Salz**
50 g	**schwarze Oliven (ohne Stein)**
1 TL	**abgeriebene Bio-Zitronenschale**
	grobes Meersalz

Zubereitung: ca. 40 Minuten + 50 Minuten Ruhezeit
Utensilien: Backblech
Pro Portion: ca. 275 kcal, 8 g E, 12 g F, 33 g KH

1 Den Rosmarin waschen und trocken tupfen. Nadeln von den Stielen zupfen und fein hacken. Hefe und Zucker mit 200 ml lauwarmem Wasser verrühren, bis sich beides auflöst. Die Hefemischung mit den Knethaken des Handmixers unter das Mehl arbeiten. 2 EL Öl und das Salz hinzufügen und alles zu einem glatten Teig verkneten. Abgedeckt 30 Minuten an einem warmen Ort gehen lassen.

2 Den Teig mithilfe einer Teigkarte auf ein mit Backpapier belegtes Backblech geben. Mit etwas Mehl bestäuben und mit den Händen gleichmäßig auf dem Blech verteilen. Den Teig mit den Fingerspitzen mehrfach eindrücken, sodass eine unregelmäßige Oberfläche entsteht. Erneut zugedeckt ca. 20 Minuten gehen lassen.

3 Inzwischen den Backofen auf 200 Grad (Umluft 180) vorheizen. Die Oliven vierteln und mit Zitronenschale sowie restlichem Öl vermischen. Olivenmischung auf den Teigfladen geben und mit Öl beträufeln. Mit Meersalz und Rosmarin bestreuen. Auf der mittleren Schiene ca. 20 Minuten backen. Auf einem Kuchengitter mit einem Küchentuch abgedeckt auskühlen lassen.

Elsässer FLAMMKUCHEN

Was gibt's zum Abendbrot? Unser Vorschlag: Flammkuchen! Das vielseitige Rezept eignet sich auch hervorragend zum gemeinsamen Kochen.

• •

Für 2 Flammkuchen (ca. 4 Stücke)

500 g	**Weizenmehl Type 550**
	+ etwas zum Ausrollen
½ TL	**Trockenhefe**
	Salz
2	**Zwiebeln**
100 g	**durchwachsener, geräucherter**
	Speck (ohne Schwarte)
80 g	**Schmand**
80 g	**Crème fraîche**
	Pfeffer

Zubereitung: ca. 1 Stunde

+ ca. 30 Minuten Ruhezeit

Utensilien: Backblech

Pro Stück: ca. 714 kcal, 17 g E, 30 g F, 92 g KH

1 Mehl, Hefe und 2 TL Salz mischen. Nach und nach ca. 300 ml lauwarmes Wasser dazugeben und alles zu einem glatten Teig verkneten. Den Teig zugedeckt an einem warmen Ort ca. 30 Minuten gehen lassen.

2 Backofen auf 230 Grad (Umluft 210) vorheizen. Zwiebeln schälen und in feine Ringe schneiden. Speck in Streifen schneiden. Schmand und Crème fraîche verrühren, mit Salz und Pfeffer würzen.

3 Teig halbieren und die Hälften auf einer bemehlten Arbeitsfläche jeweils zu einem dünnen Oval (ca. 32 x 18 cm) ausrollen. Dünn mit Creme bestreichen. Zwiebeln und Speck darauf verteilen. Flammkuchen auf der mittleren Schiene 12-15 Minuten backen und servieren.

VARIANTEN

Flammkuchen mit Gorgonzola und Radicchio

Creme (siehe oben) mit 2 TL grobkörnigem Senf verrühren und auf die Teigfladen streichen. 100 g Radicchio in feine Streifen und 1 kleine Birne in dünne Spalten schneiden. 80 g Blauschimmelkäse zerbröckeln. Mit 30 g gehackten Walnüssen auf den Flammkuchen verteilen und wie oben beschrieben backen.

Flammkuchen mit Parmaschinken und Rucola

Creme (siehe oben) auf den beiden Teigfladen verteilen. 100 g Parmaschinken, etwas gewaschenen Rucola und 20 g Pinienkerne darauf verteilen und wie oben beschrieben backen.

DIE FARBENFROHE VARIANTE MIT KÜRBIS FINDEN SIE HIER:

HERBSTLICHER FLAMMKUCHEN

yumtamtam.de/kuerbis-flammkuchen/

PULL-APART-
BREAD *mit Ziegenkäse*

Also, Servietten sollten Sie schon zur Hand haben, wenn dieses duftende Brot auf den Tisch kommt. Denn die abgezupften Scheiben liegen richtig gut in der Hand.

· ·

Für 1 Brot (10–12 Scheiben)

½ Würfel	**frische Hefe**
½ TL	**Zucker**
500 g	**Dinkelmehl Type 630**
	+ etwas für die Arbeitsfläche
	Salz
4 EL	**Olivenöl**
	+ etwas für die Form
25 g	**Pinienkerne**
30 g	**getrocknete Cranberries**
2	**Lauchzwiebeln**
8 Stiele	**Thymian**
8 Stiele	**Petersilie**
200 g	**Ziegenfrischkäse**
2 EL	**Milch**
	Pfeffer

Zubereitung: ca. 1 Stunde 15 Minuten
+ ca. 1 Stunde 30 Minuten Ruhezeit
Utensilien: Kastenform 30 cm
Pro Scheibe: ca. 240 kcal, 8 g E, 10 g F, 29 g KH

1 Die Hefe zerbröckeln, mit 300 ml warmem Wasser und dem Zucker gut verrühren. Mehl und 1 ½ TL Salz in einer großen Schüssel mischen. Angerührte Hefe und Olivenöl zugeben und alles zu einem glatten Teig verkneten. Sollte der Teig zu sehr kleben, noch ein bisschen Mehl unterkneten. Ist er zu fest, noch etwas warmes Wasser hinzufügen. Den Teig zugedeckt an einem warmen Ort ca. 1 Stunde gehen lassen.

2 Für die Füllung Pinienkerne in einer kleinen Pfanne ohne Fett leicht rösten, anschließend herausnehmen. Die Cranberries hacken. Lauchzwiebeln putzen, waschen und hacken. Kräuter hacken. Den Frischkäse mit Pinienkernen, Cranberries, Lauchzwiebeln und Kräutern vermengen. Sollte die Creme zu fest sein, ggf. 2 EL Milch unterrühren. Mit Salz und Pfeffer würzen.

3 Die Kastenform ölen. Den Teig noch einmal durchkneten und auf der bemehlten Arbeitsfläche zu einem Quadrat (ca. 40 x 40 cm) ausrollen. Teigplatte gleichmäßig mit der Frischkäsefüllung bestreichen und in 5 gleich breite Streifen schneiden. Die Streifen locker ziehharmonikaartig zusammenlegen und hintereinander in die Form setzen. Brot nochmals zugedeckt ca. 30 Minuten gehen lassen.

4 Backofen auf 180 Grad (Umluft 160) vorheizen. Das Brot auf der mittleren Schiene ca. 45 Minuten backen. Zum Ende der Backzeit ggf. mit Alufolie abdecken, damit das Brot nicht zu braun wird. Noch in der Form auf einem Kuchengitter für ca. 30 Minuten abkühlen lassen. Dann aus der Form lösen und vollständig auskühlen lassen.

KÜRBIS-QUICHE *mit Rosmarin*

Ob als Mahlzeit mit Salat und Wein oder als Proviant für die Mittagspause – diese Quiche ist immer gut in Form.

• •

Für 1 Quiche (ca. 8 Stücke)

Für den Teig:

225 g	**Weizenmehl Type 405** + etwas zum Ausrollen
125 g	**kalte Butter**
1	**Ei (Größe M)**
½ TL	**Salz**

Für die Füllung:

450 g	**Hokkaido-Kürbis**
150 g	**gemischte Pilze (Pfifferlinge, Kräuterseitlinge, Shiitake)**
3 Zweige	**Rosmarin**
2 EL	**Olivenöl**
	Salz
	Pfeffer
4	**Eier (Größe M)**
200 g	**Schmand** frisch geriebene **Muskatnuss**
100 g	**Feta**

Zubereitung: ca. 1 Stunde 10 Minuten + 30 Minuten Kühlzeit

Utensilien: Tarte- oder Springform Ø 26 cm

Pro Stück: ca. 397 kcal, 11 g E, 28 g F, 24 g KH

1 Für den Teig Mehl, Butter, Ei und Salz erst mit den Knethaken des Handmixers, dann schnell mit den Händen zu einem glatten Teig verkneten. In Folie wickeln und ca. 30 Minuten kalt stellen.

2 Den Kürbis entkernen und in Stücke schneiden. Pilze putzen und in Scheiben schneiden. 2 Zweige Rosmarin waschen, Nadeln abstreifen und hacken. Öl in einer Pfanne erhitzen, Kürbis darin unter Wenden anbraten. Pilze und Rosmarin hinzufügen, kurz mit anbraten. Kräftig mit Salz und Pfeffer würzen und etwas abkühlen lassen.

3 Den Backofen auf 200 Grad (Umluft 180) vorheizen. Den Boden der Springform mit Backpapier auslegen. Eier und Schmand verrühren. Kräftig mit Salz, Pfeffer und Muskat würzen.

4 Teig auf einer bemehlten Arbeitsfläche etwas größer als die Form ausrollen. In die Form legen und am Rand etwas hochdrücken. Gemüse auf dem Boden verteilen, Eimasse darübergießen. Feta würfeln und darüberstreuen. Im unteren Ofendrittel 45 Minuten backen. Dann herausnehmen, ca. 10 Minuten abkühlen lassen und servieren.

VARIANTEN

Kürbis-Schinken-Quiche
Füllung (siehe oben) mit 100 g Schinkenwürfeln verrühren. In der Form verteilen und wie oben beschrieben weiter zubereiten.

Süßkartoffel-Quiche
Anstatt des Kürbisfleischs einfach die gleiche Menge an Süßkartoffeln nehmen. Kartoffeln schälen, längs halbieren und in Scheiben schneiden. Kurz anbraten und Füllung wie oben beschrieben zubereiten.

TOMATEN-
PIZZA *mit Zwiebeln*

Mit Begeisterung variieren wir den Klassiker. Denn die Pizza zählt zu den beliebtesten Familiengerichten. Gut, dass man mit viel Liebe zum Detail nichts falsch machen kann.

• •

Für 1 Pizza (ca. 4 Portionen)

Für den Teig:

500 g	**Weizenmehl Type 405** **+ etwas zum Ausrollen**
1 TL	**Salz**
10 g	**frische Hefe**
4 EL	**Olivenöl**

Für das Knoblauch-Chili-Öl:

6	**Knoblauchzehen**
2	**grüne Chilischoten**
120 ml	**Olivenöl**

Für den Belag:

300 g	**kleine rote Zwiebeln**
3 EL	**Erdnussöl**
	Salz
	Pfeffer
500 g	**Kirschtomaten (gelb und rot)**
250 g	**Mozzarella**
40 g	**Kapern**
200 g	**Mascarpone**
	Zitronenthymian zum Garnieren

Zubereitung: ca. 50 Minuten
+ 2 Stunden Ruhezeit
Utensilien: Backblech
Pro Portion: ca. 888 kcal, 22 g E, 57 g F, 72 g KH

1 Für den Teig alle Zutaten mit 270-300 ml Wasser in eine Schüssel geben und mit den Knethaken des Handmixers oder einer Küchenmaschine 10 Minuten kräftig durchkneten. Teig abgedeckt mindestens 90 Minuten an einem warmen Platz gehen lassen. Anschließend den Teig in 2 Portionen teilen, diese auf einer bemehlten Arbeitsfläche dünn ausrollen, auf zwei mit Backpapier ausgelegte Backbleche legen und abgedeckt weitere 30 Minuten gehen lassen.

2 Für das Knoblauch-Chili-Öl den Knoblauch schälen. Chilis längs halbieren und die Kerne entfernen. Beides fein hacken und mit dem Olivenöl vermengen.

3 Die Zwiebeln schälen und halbieren. Erdnussöl in einer Pfanne erhitzen und Zwiebeln darin bei mittlerer Hitze ca. 5 Minuten anbraten. Mit Salz und Pfeffer würzen. Die Tomaten waschen und mit den Fingern leicht zerdrücken. Mozzarella in grobe Stücke zerrupfen. Kapern abgießen.

4 Backofen auf 250 Grad (Umluft 230) vorheizen. Pizzaböden mit dem Knoblauch-Chili-Öl bestreichen und mit Salz und Pfeffer würzen. Dann mit Tomaten, Zwiebeln und Mozzarella belegen. Mascarpone löffelweise darauf verteilen und die Pizzen nacheinander auf der mittleren Schiene ca. 10 Minuten backen. Pizzen aus dem Ofen nehmen, Kapern und Zitronenthymianblätter darüberstreuen und servieren.

EINS A GERÜSTET Der Teig für die Pizza lässt sich super vorbereiten. Einfach über Nacht in den Kühlschrank legen, am nächsten Tag ausrollen und backen. Ein weiterer Vorteil beim „Gehen" über Nacht: Im Kühlschrank vermehrt sich die Hefe langsamer, der Teig wird noch elastischer und herrlich mild.

Register

N

O

P

Q

R

S

T

V

W

Z

Impressum

Verlag & Herausgeber
EDEKA Verlagsgesellschaft mbH
New-York-Ring 6, 22297 Hamburg
Geschäftsführung Markus Mosa, Rolf Lange
Gesamtleitung Nico Schiller
Projektmanagement Carolin Boeck
www.edeka.de

Redaktion & Gestaltung
C3 Creative Code and Content GmbH
Redaktion Götz Poggensee, Stefanie Nickel
Text Stefanie Wilke, Jenna Busanny
Lektorat Helmut Hillger, Sibylle Kumm,
Michael Meyer
Projektmanagement Nicole Stecher
Fotografie Silke Zander
Foodstyling Maren Jahnke
Rezepte Maren Jahnke, Stefanie Nickel
Styling Anka Rehbock
Art Direction Jessica Winter, Anna Hönig
Bildredaktion Judith Klaus
Lithografie Giesick | Medien Produktion

Zusätzliche Fotos
Anke Politt/Diane Dittmer/Miriam Geyer
(Seite: 77), Anke Politt/Maren Jahnke/
Katrin Heinatz (Seite: 180, 191), Amanda
Berens/Jessica Brembach (Seite: 60,
106, 110), EDEKA (Seite: 62, 63, 164),
Janne Peters/Adam Koor/Miriam Geyer
(Seite: 48, 195), Janne Peters/Julia
Luck/Michaela Pfeiffer (Seite: 146, 152,
153, 166), Janne Peters/Petra Speck-
mann/Michaela Pfeiffer (Seite: 64, 117),
Laura Muthesius/Nora Eisermann (Seite:
46, 49, 54, 82, 94, 143, 169, 176, 185),
Thorsten Suedfels/Adam Koor/Krisztina
Zombori (Seite: 42, 50), Thorsten Sued-
fels/Maren Jahnke/Krisztina Zombori
(Seite: 187), Thorsten Suedfels/Nicole
Reymann/Krisztina Zombori (Seite: 127,
160, 170, 173, 174), Thorsten Suedfels/
Pia Westermann/Krisztina Zombori
(Seite: 25, 33, 58, 68, 81, 90, 138, 142,
148, 151)

Druck & Verarbeitung
Mohn Media Mohndruck GmbH
Carl-Bertelsmann-Str. 16M,
33311 Gütersloh

Copyright © 2018
EDEKA Verlagsgesellschaft mbH

ISBN 978-3-9818005-3-1
1. Auflage 2018

Auch erschienen:

Grillen – Das Buch
200 Seiten
14,95 € [D] | 15,30 € [A]
ISBN: 978-3-00-047840-6

Selbstgemacht – Das Buch
200 Seiten
14,95 € [D] | 15,30 € [A]
ISBN: 978-3-9818005-1-7

COOK BOOM BÄM – Das Familienkochbuch
200 Seiten
14,95 € [D] | 15,30 € [A]
ISBN: 978-3-9818005-2-4